歴史文化ライブラリー

40

京のオランダ人

阿蘭陀宿海老屋の実態

片桐一男

吉川弘文館

目次

国際交流と現代社会——京の阿蘭陀宿からみる

心寄せる外国人

在外研究で外国の地に滞在中のこと。親日家もしくは親日家になりつつあるような外国の人びとが、ことに若い人が、

「日本へ行けたら、京都へ行ってみたい」

「留学も、京都にしたい」

といっていた。

日本の、かつての都《みやこ》の伝統文化が、そのまま、静かに、保存されている。京都・京の街はそんな街だと、おぼろげな夢と期待を抱いて、心馳《こころば》せをしているような気振りにみえたものである。

そういえば、ヨーロッパには、かつて隆盛を誇ったギルドの商人たちが、豪壮・華麗に館《やかた》を建てならべ、つくりあげて殷賑《いんしん》をきわめた中世都市のいくつかが、ちょうど、タイム・トンネルを通り抜けて、その姿だけを観光都市にとどめて、世界の客を招いている。そんな例を眼にすることしばしばである。

まだ見ぬ古都を、見識《みし》っている古い街に、オーバーラップさせて、想いめぐらせているのでもあるまいに……。いや、いや、無意識のうちに、そうしているようでもある。

すると、京都は、外国人や外国文化と、いかにも懸け離れて、伝統美を伝える静的な古都である、と、決めてかかっているようなものではないか。当の日本人にも、ふと、そんな気をおこさせる。

古都の活力

千年を迎えて、「悠久の古都」と詠《うた》われている。しかし、この地には、古く、渡来《とらい》の人、高麗《こま》氏や秦《はた》氏が開発に力を入れた地もあった。そういえば、都城の造り方も、長安京に範をとったことだった。

外来の、人と文化を取り入れて建設した都《みやこ》。やがて、その都、焦土のなかから復興につとめ、町衆文化を生み出したエネルギーを内包していたことも想い出す。

政治的中心が京から江戸へ移ったとき、新しい時代に生きるため、京と伏見を結び、淀川を経て京・大坂を一体化する高瀬川の開鑿《かいさく》が新しい都市中軸の二条を起点として試みられた。一大プロジェクトであったわけである。いま、さかんに叫ばれている関西が挑む広域連携活生化の大型プロジェクトの原点をみる思いさえもする。

西陣機業《はたぎよう》の発達・発展のうえに寛永文化の華もさいた。しかし、諸国機業地の勃興、特殊技術や意匠の流出、加えて大火による織機の減少などによって西陣に衰退の影がさすと、京は伝統都市として観光産業に期待をかける都市に生まれかわらねばならなかった。

長崎を通して入る唐・蘭二国の船によってもたらされる学術・文化。それが、東漸《とうぜん》して江戸に入る以前に、あるいは江戸に入ってから時をおかずしてもたらされた文人趣味、蘭学の移入にきわめて積極的なうごきが京に出現したのである。

ここにおいて、封建的頽廃に陥った都市情況のなかに、むしろ国際性や科学性、ひいては人間性の胎動がみられたことも想い出す。

オランダ人、京を旅する

鎖国下の日本にあって、定期的に京を訪れ、滞在の日を数え、上下通過した外国人といえば、オランダのカピタン一行あるのみである。高瀬川によって曳《ひ》きあげられた舶載の蛮品《ばんぴん》、京の街に入り込んだ珍奇な品の数々はいかなるものであったか。滞在の宿を提供した阿蘭陀宿《オランダやど》におけるオランダ人一行の行動と、そこにみられた交流の実況はいかなる様子であったか。鎖国下の古都を舞台にしてみられた、まさに異文化交流の「機」と「場」とであったわけである。

そこには、現在の日本が直面している国際交流、国際理解の実際の場面、場面でみられる諸問題も、すでにみられていたようである。外国文化・異文化に対する順応・受容と反発・拒絶の作用が働いていた。その実況が、あまりにも具体的にみえている。

従来、阿蘭陀宿、ことに京の阿蘭陀宿に関するまとまった史料の紹介も、調査研究も皆無であった。

京の阿蘭陀宿に関する史料が、はじめて公刊の機を得て紹介された。取り組んでみないわけにはいかない。異文化交流・異文化理解のうえで、諸問題が史料群のなかから、われわれを手招いている。踏み込んでみないわけにはいかない。将来の資を拾ってみることができるかもしれない。

京の街には、海外からの客人がますます、多く往《い》き交《か》っている。京に滞在し、居住する人も増加している。対処の知恵と工夫の術《すべ》を学び取らなければならない。

それよりもなによりも、まず、京を通過したオランダ人の様子、阿蘭陀宿の様子をじっくりみてみたいと思う。

海老屋の史料

なお、本書で使用した史料は、このほど刊行の機を得た拙著、『阿蘭陀宿海老屋の研究Ⅰ　研究篇』『阿蘭陀宿海老屋の研究Ⅱ　史料篇』（いずれも思文閣出版、一九九八年刊）に掲げられている。それ以外に引用したところでは、みな本文内に注記した。

全体の構成は研究篇に負うところが大きい。平明を心がけて手を加えてみたが、そのまま生かしたところも多い。省略に従ったところもある。あらかじめ、お断りしておきたい。

江戸参府と阿蘭陀宿

カピタンの江戸参府

「阿蘭陀宿《オランダやど》」とはどのような「宿」か。どのような目的をもって設置された「宿」か。いかなる機能を果たした「宿」であったか。その史的意義はどうか。

阿蘭陀宿

ここにいう「阿蘭陀宿」とは、江戸時代、オランダ商館長（カピタン）が行った江戸参府旅行において、随員一同とともに宿泊した「定宿《じょうやど》」をいう。

阿蘭陀宿の代表格としては、江戸の長崎屋源右衛門の名はあまりにも有名である。古川柳にも、しばしば登場している。本石町《ほんこくちょう》三丁目に在ったこと、葛飾北斎描くところの『画本東都遊《あずまあそび》』にみえる一図、あるいは『川柳江戸名歌図会』にみえる「長崎屋表口」

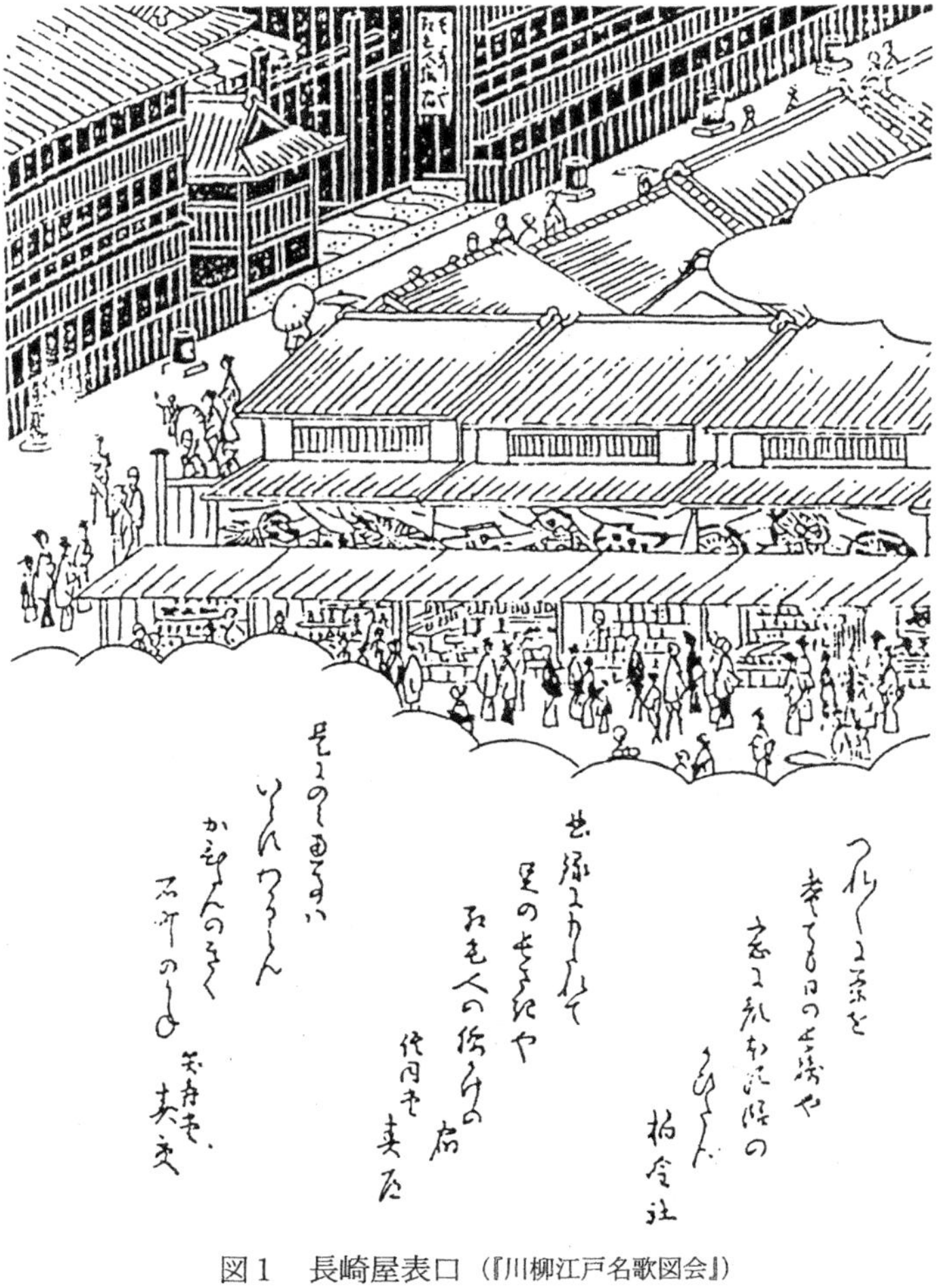

図1　長崎屋表口（『川柳江戸名歌図会』）
「長崎屋　紅毛人御宿」の看板を掲げている．

図 2　長崎屋の窓越しにオランダ人を見あげる江戸の庶民(葛飾北斎『画本東都遊』〔たばこと塩の博物館蔵〕)

の図が知られているくらいで、まとまった研究はさっぱりない。

火事と喧嘩《けんか》は江戸の華《はな》といわれている。長崎屋が、しばしば、いや、江戸後期には頻々《ひんぴん》と火災に見舞われたために、また、維新期の世の激変による影響を受けたためか、一切の史料を失っているため、その研究がみられないのであろう。

江戸参府

日本のオランダ商館長はカピタン Capitaõ ともいい慣わし、オランダ語でオッパーホーフト Opperhoofd という。オランダ連合東インド会社 de Vereenigde Oost-Indische Compagnie 略してVOCの日本支店であるオランダ商館における責任者である。歴代のオランダ商館長は、通商免許に対する御礼として江戸に上り、将軍に謁見し、貿易の御礼を言上して贈物を献上した。これをオランダ商館長の江戸参府 Hofreis naar Yedo といっている。カピタンの江戸参府とも、御礼参りともいう。

オランダ船がはじめて日本に来たのが慶長五年（一六〇〇）、関ヶ原合戦の半年前のこと。オランダ人が拝礼を許されたのは、慶長十四年（一六〇九）のことである。この年、使節ニコラース・ポイクが駿河におもむき徳川家康に謁見、ネーデルランド共和国総督オラニエ公マウリッツの書翰と贈物を呈し、復書と通商免許の朱印状を得て、平戸に商館を開設した。毎年、定例として江戸参府を行うようになったのは寛永十年（一六三三）からで、寛永十八年（一六四一）オランダ商館が平戸から長崎の出島に移されて以後も継続された。もっとも、特別の事情によって中止されたこともあり、寛政二年（一七九〇）からは五年目ごと四年に一度と改定されたが、鎖国時代を通じて継続された。特派使節の東上や、開国後の安政五年（一八五八）にドンケル・クルチウスが行った一回を除けば、嘉永三年（一八五〇）度分まで実に一六六回を数える。

商館長はこの機会に幕府高官にも会って貿易上の請願を行うことを慣例とした。随員も出島外で日本および日本人を知る唯一の好機会として日本人と接触の機会を持った。日本人もまた同様に、鎖国下唯一の西洋人としてこれに接し、将軍・幕府高官らは海外事情を聴取し、学者らは定宿の長崎屋源右衛門方へ知的面談におもむき、庶民は好奇な眼で一行の行列や宿の窓越しにその所作を眺め入ったものである。

したがって、日蘭文化交流史上、このオランダ商館長の江戸参府とそれに関わる諸事は多方面にわたって意義を有する。

江戸参府の旅宿と阿蘭陀宿

行程と旅宿

江戸参府の行程は、九州の短陸路 kort land weg、瀬戸内を船で行く水路 water reis、室《むろ》もしくは兵庫からあがって大坂・京都を通って東海道を下る大陸路 lang land weg の大きな三区分からなっている。元禄期に随行した商館付ドイツ人医師ケンペルも『江戸参府旅行日記』（斎藤信訳、東洋文庫、平凡社、一九七七年）のなかで、

長崎から小倉までの九州を通る第一の陸路の区間

第二の海上の船旅

第三の日本島（本州のこと）を通って将軍のいる首都江戸までの陸路を進む長い地域

図3　鷹見泉石『蘭人訳官出府名簿』（鷹見本雄氏蔵、古河歴史博物館寄託）

「一長崎屋門江紅白青三布之幕張有之《これあり》、白布之筋江ワアペン此印染有之」と明記されている。

といっている。

参府一行が、道中、宿泊した旅宿について、同じくケンペルは、

われわれが泊まる宿舎は、大名が毎年の通過の際滞在するのと同じ所で、それゆえに各地で一番上等である。

と、参勤交替で宿泊する大名に準じて、各宿の本陣に泊まることを伝えている。と同時に、旅館では、大名の流儀に従って直ちに品のいいオランダ領東インド会社の幔幕と紋章が掛けられるが、日本の習慣からこの幕によって、そこに泊まっている身分の高い客を知らせるためである。

とも伝えている。宿泊した旅宿の門に大名の紋所の入った幔幕《まんまく》が張られたと同じように、オランダ東インド会社の紋章入りの幕が張られて日本人の眼をも惹きつけた。時代は下るが、下総《しもうさ》の古河藩、蘭癖《らんぺき》家老で知られた鷹見泉石《たかみせんせき》が長崎屋源右衛門方の門にN・V・O・Cを組み合わせた紋章入りの紅白青の幔幕が張られていたと明記している。これによって、すっかり習慣として定着していたことが理解できる。

陸路の各宿に交互に宿泊したことについても、ケンペルは、

われわれはこれらの旅館に毎年交互に泊まるので、帰路に泊まろうと思っている所では昼食をとる。

と伝え、これを論評して、

このようにして泊まることで宿の主人の煩わしさが一層大きくなるのを、均等に分け合うのである。

といっている。しかし、これは煩雑さの均等分だけでなく、各宿に落とされる金銭の均等化も多分に勘案されていた巧妙な制度と見受けられる。

以上、陸路における各宿を交互に休・泊した組織的止宿《ししゅく》制度の確立していた様子をみることができた。

一休・一泊の宿に反し、参府の目的地江戸における定宿《じょうやど》の長崎屋をはじめとする、京・大坂・下関・小倉の定宿は往路・復路とも幾日か止宿が認められており、格別であった。この五ヵ所の別格の定宿こそが「阿蘭《オランダ》陀宿《やど》」と呼ばれる宿であった。

五ヵ所六軒の阿蘭陀宿

『元禄十五午年地下惣落銀受払目録』（太田勝也「長崎会所創設期の貿易利潤配分に関する一史料」（『史学雑誌』第七九編第一一号、一九七〇年、所収））に記載されている長崎の「地下惣落銀」には、「江戸・京・大坂・下関・小倉阿蘭陀宿六人」に対して、合わせて「拾弐貫四百六拾目」の支出が見えている。元禄十五年（一七〇二）、開設間もない長崎会所から、長崎の地下に対する配分と同じ扱いで五ヵ所の阿蘭陀宿に貿易利銀が配分されているわけである。

『宝永五子年役料高并諸役人勤方発端年号等』（長崎市立博物館蔵）には、

一銀五貫四百目　七万両之内より　江戸阿蘭陀宿　長崎屋源右衛門

一銀壱貫六百六拾目　七万両之内より　同京　海老屋与右衛門

一銀弐貫四百六拾目　七万両之内より　大坂同　長崎屋五郎兵衛
一銀壱貫百弐拾目　七万両之内より　下関同　佐甲三郎右衛門
　　　　　　　　　　　　　　　　　　　　伊藤杢之丞
一銀壱貫八百弐拾目　七万両之内より　小倉同　大坂屋善五郎

と見えているから、長崎の諸役人扱いとして役料が支給されていることがわかる。

届出と認可　阿蘭陀宿が右にみてきたように長崎奉行の支配を受けていたために、類焼・再建や修理に際して、再建・修理資金を長崎奉行所や長崎会所に嘆願、直接、阿蘭陀通詞に嘆願したり、その斡旋によって、長崎奉行・長崎会所・オランダ商館に助成方を嘆願した。京の海老屋《えびや》の場合のことはあとで具体的にみよう。

同様に、阿蘭陀宿の相続や家業の引き継ぎについても、在所の町奉行と長崎奉行の両方に届出をしたり、願いを出す必要があったのである。この点も、京の海老屋の具体例を後述する。ここでは、とりあえず、長崎奉行所が申し渡した記録の目録である。『申渡留目録』（長崎県立長崎図書館蔵）にみえる明和六年九月から翌七年八月の交（一七六九〜七〇年）の一条を引いて明証を例示しておきたい。

一京都阿蘭陀宿文蔵悴村上弁蔵、父跡相続、京都に於いて申し付け之れ有る旨相届け候ニ付、当地より取らせ候紅毛宿礼・賄料・受用銀とも、父の時の如く取らせ、且つ龍脳取次所も父の如く次ぎ相勤むべき旨申し候

すなわち、京の阿蘭陀宿海老屋の相続が京都町奉行の許可を得て、長崎奉行に届け出され、先代からの「紅毛宿礼・賄料・受用銀」の支給が家業の「龍脳取次所」とともに、認可されていることを知り得る。

鎖国直後の阿蘭陀宿

「参府日記」にみえる大坂と京の宿

オランダ商館が平戸から長崎の築島すなわち出島に移転後、初の参府における阿蘭陀宿の様子を「参府日記」（東京大学史料編纂所『日本関係海外史料　オランダ商館長日記』）から窺ってみよう。

一六四一年十二月二十四日、一行は大坂に無事到着。その「宿舎」は、「タロエモン殿 Tarroyemondonne（太郎右衛門か）」という人の家であったと記されている。この人物については「オランダ人が其処で取引を行い、居住するように命令されている長崎の嶋の町長で監督者でもあるシロゼイモン殿 Siroseymondonne の父であった」と記している。すなわち、宿主の太郎右衛門が長崎築島（出島）の乙名《おとな》である海老屋四郎右衛門の父親に当たる人物であったことがわかる。

当日は夕刻、食事の後に、「当地の知事丹波様 Tambesamme（大坂町奉行曾我丹波守古祐）の書記官が緊急の命令を帯びて当処に現われ、我々を案内して来たギンエモン殿 Ginnemondonne（源右衛門か）と称する貴族、並びに二人の兵士に、オランダ人たちを厳重に見張を付けて監視し（彼らが識っている者を除いて）、他の誰にも会わせぬように、と命じた」と、大坂町奉行所曾我古祐の派遣した検使によってオランダ人一行に対する監視が厳命されている。

その理由として、町奉行が、オランダ人もまた「キリスト教徒であり、ポルトガル人と同様に唯一の神を信仰していると聞かされ、その結果、このことから生ずる可能性のある、総ての災厄や難儀を予防するため、その属僚たちと協議でこのような合意に到ったからである」と明記されている。

その結果、オランダ人一行は「互いに接した二つの部屋が充行《あてが》われ」「夜間、この部屋の周辺は前記の貴族の従者と兵士たちにより厳重に監視された」のであった。

大坂の市民に対してもオランダ人に対する注意事項が触れられていたらしく、「同地では、市民たちは各自家に居るよう命ぜられ、オランダ人に声をかけたり眼くばせすることのないよう命ぜられた」のであった。

したがって、オランダ人は「誰も我々と話をしたり、使者を遣わして挨拶することも禁止され、(我々も) 会社の住居の建っていた敷地から出歩くことは許されず、絶えず番卒の監視の下に置かれていたのである」と記している。

二十八日、オランダ人は以前から平戸オランダ商館の常客で大坂の宿主五郎兵衛de Hollantschen Waert Grobbijdonne とフォクシマ・シンゼイモン殿 Fochxima Sinsemondonne (福島新左衛門) の近況について知るため通詞八左衛門 Tolck Fatsiseymondonne を遣わした。というのもこの両人はオランダ商館に対して多額の債務があって、特に前の宿主五郎兵衛は莫大な負債によって「破産した由」を知っていたからである。

通詞八左衛門が探索して報告したところによると、

前記のグロベ殿 (＝五郎兵衛) は、町の場末の一軒の小さな家で大層惨めに暮らしており、妻子と共に生活を支えるのに必要な米を得るにも事を欠く有様であった。彼の屋敷は (以前、会社の使用人たちが其処に宿泊したのであるが)、内部の家財も一切合切併せて、債権者たちの手で売却され、それぞれに分配されたが、なお、かなりの額の不足分が残った。そして、彼は毎日のように、妻子を奴隷として売払ってしまうと脅迫されていたが、頼み込み、哀願して今日までこれを回避して来たとのことである。

と惨憺たる状態が報告されている。福島新左衛門についても、

フォクシマ・シンゼイモン殿は、同様に落魄して、妻子は手放して彼の友人たちの許で養われている。その間、彼は或る小さな村で農耕に従事して、多大の心労を費して、辛くも食物を得ている。

といった、これまた惨憺たる現状であることが報告された。

次いで、京にのぼった同月三十日の条には、

夕刻、日没時に京に到着した。同地ではコスケ・サブロエモン殿 Koske Sabroyemon-donne という人の宿に宿泊するよう命ぜられた。この家はポルトガル人たちが常に宿泊していたところである。当地でも大坂と同様に常時厳しい監視下に置かれた。もとの会社の宿主であったソーエモン殿 Soyemondonne とシチビオエ殿 Stibioyedonne や、同様に他の商人たちが我々を訪問したいと願い出たが、それは許されなかった。

とみえる。右のうちコスケ・サブロエモンは平戸オランダ商館の常客であった堺屋宗右衛門らしく、シチビオエはその弟堺屋七兵衛らしい。

対オランダ人監視・管理策

このようにみてくると、オランダ商館を平戸から長崎の出島に移転せしめ、鎖国体制を完備してからの、オランダ商館長の江戸参府において、江戸幕府のオランダ人に対する対応に大きな変化のあったことが読みとれる。次のように列挙することができよう。

(1) オランダ人をポルトガル人同様にキリスト教徒とみなして対処していること。

(2) それまで親しく参府のオランダ商館長一行を泊めていた定宿を、大坂・京ともに、別の宿に指定変えしていること。

(3) かつてポルトガル人の定宿とした宿を指定した場合には、厳重な監視・管理下におくこととした。

(4) 日本人市民にもオランダ人一行と面談・訪問の機会を与えないよう指示が達せられ、監視・管理が厳重にはかられたこと。

一貫してみえることはキリスト教徒との隔絶・管理ということである。

したがって、その管理を厳重・確実にするため、出島築造に出資貢献した出島乙名の一族に人を求めて定宿に指定するなど、徹底をはかった狙いを窺い知ることができる。それにしても、従前のオランダ宿がいずれも落魄・破産に追い込まれ、生活がたちいかなくなってしまっている。幕府の対外政策の大きな転換がこのようなところにも大きな波紋を及ぼしていると受けとめられる。

そうなると、江戸の長崎屋が、オランダ商館が平戸にあった時代から、江戸参府時の定宿として「御用」を勤め、オランダ商館の長崎出島移転後も「御用」を継続勤務したとなると、将軍のお膝元における阿蘭陀宿として、いっそう、当初における監視・管理が厳重であったであろうことが察せられる。江戸の長崎屋が「嘗《かつ》てポルトガル人が止宿していた」宿であるということから、ポルトガル人を泊め、オランダ人を泊め、参府定例化にともなって定宿として「御用」を勤める阿蘭陀宿として、鎖国後もその「御用」を継続勤務した、よほど古く、長い歳月や世代にわたる外国人のための宿であったということが理解できる。

京の阿蘭陀宿

史料の探索

江戸の長崎屋に関する調査・研究が絶望的であるとすれば、江戸に準ずる四ヵ所の阿蘭陀宿《オランダやど》に眼を向けてみなければならない。幸いにも、一九八三年以来、京の阿蘭陀宿であった海老屋《えびや》に関する史料を、ややまとまったかたちで眼にする幸運に恵まれた。それは、神戸市立博物館の所蔵にかかる池長コレクションに含まれる「皇都阿蘭陀人宿（荷蘭館）文書」と呼ばれる史料群である。近時、同博物館においては、「村上家（阿蘭陀宿）文書」の名で整理が行われている（『神戸市立博物館館蔵品目録　美術の部9　文書II』一九九二年三月）。

海老屋の史料

右の史料群は、海老屋の主人が主として勤め向きのことを中心に記録し続けた、自筆の、

○御用書留日記（天明八年〔一七八八〕～安政六年〔一八五九〕）　四冊
を中心にして、
○阿蘭陀宿用向手続　一冊
○阿蘭陀宿相続方手続之ひかえ　一冊
○村上於莵二郎（荷蘭館主）任官令写　一冊
○Verscheijde Spreek Wijzen（オランダ語会話書）　一冊
○天文方地図一条封廻状之写
　文政十三年道中御取調御用御出役御普請役江差出候書面之写　合一冊
○長崎高嶋四郎太夫并連座之者へ御申渡之書留　一冊
○高田屋嘉兵衛話　一冊
○荷蘭館額面及人名帳由来　一冊
という記録・写本類から成り立っている。右には二、三の挟み込み文書も見受けられる。

　それぞれの史料に関連する日・蘭双方の史料、関連事項に関する零細史料も拾って、吟味してみたい。

阿蘭陀宿

海老屋の位置と建物

海老屋の位置

位　置

江戸の長崎屋は「本石町《ほんこくちよう》三丁目」、京の海老屋《えびや》は享保の初め（一七一六年ころ）に、京都の町奉行所の手で作成されたとされる『京都御役所向大概覚書』の記載によれば「川原町通《かわらまちどおり》三条下《くだ》ル町《まち》」とわかる。しかし、本石町三丁目のどのあたりか、川原町通三条下ル町のどこに在るのか。できれば、地図上にはっきり見ることはできないものであろうか。そして、現在それはこの場所であると、その場所に立ってみることはできないだろうか。

これは、一見、簡単なようで、案外難しい。それは、江戸時代の都市図が、武家屋敷や神社・仏閣はよく記載しているにもかかわらず、町屋の記載をほとんど欠いているからで

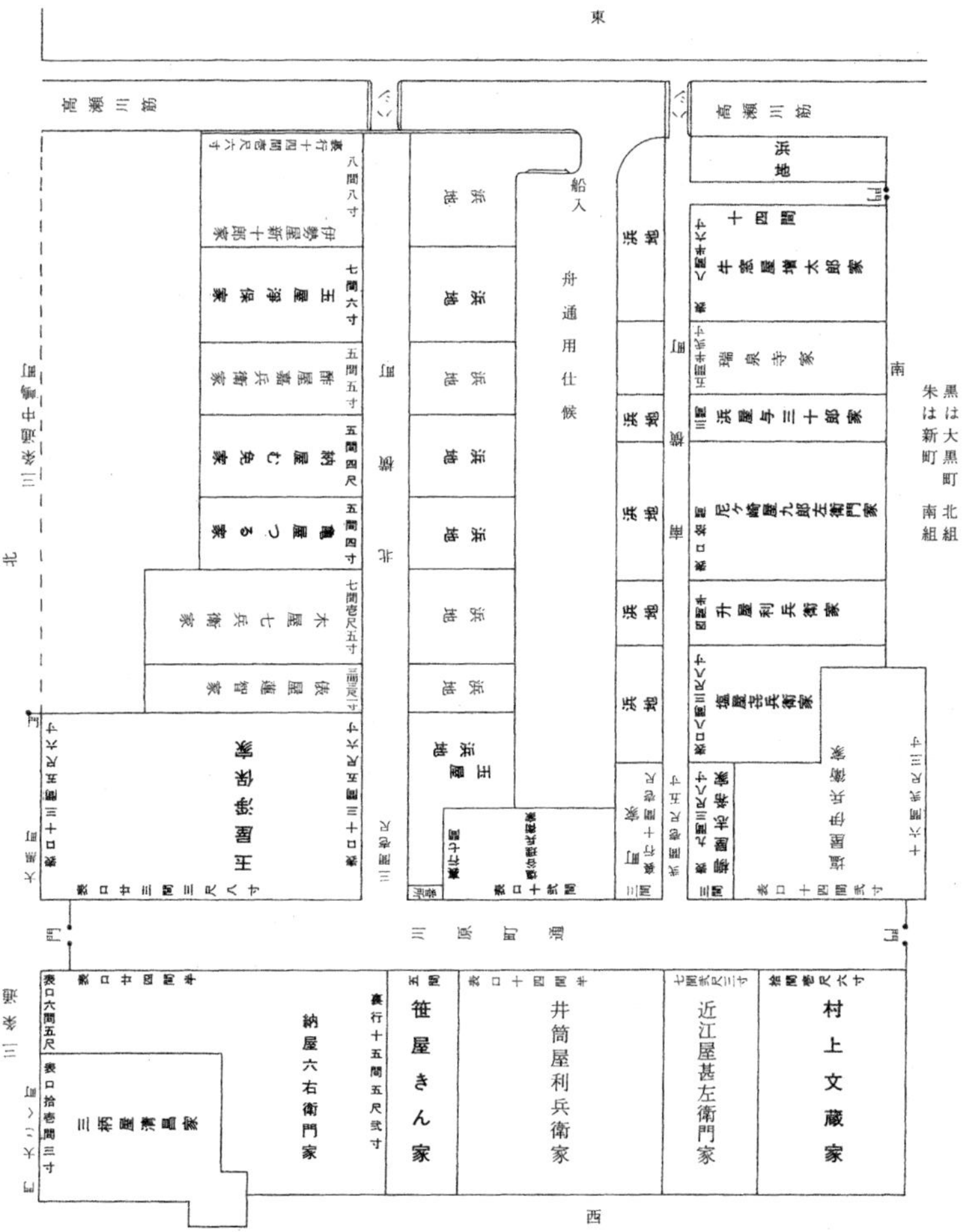

図4　大黒町地図，安永8年（酢屋中川敦子氏所蔵原図より寸法通りの比率で著者作製）

ある。余程、特殊な事情や事件に関連して書き残されでもしない限り、期待されるところ極めて薄い。

町屋敷の規模、大きさ、構造などについても、同様わかりにくい。

京の阿蘭陀宿《オランダやど》の記載のある地図・絵図・図面・記録を長年探し続けてきた。

京都の医史跡に詳しい医博・杉立義一氏の教示を得ることができた。昭和六十三年（一九八八）のことである。

酢屋《すや》のご主人が海老屋の位置のわかる地図を所持されており、年に一度、坂本龍馬追悼の日すなわち十一月十五日の午後のみ二階のギャラリーで展示されているという。

酢屋は良好な町内の地図を数点所持されており、主要な地図は毎年展示、加えて毎年掛け替えられるものもあり、なかには詳細に、町内の地所に寸法の入っているものもある。参観はこの半日のみ。もっとも最近は数日間展示されるようになったが……。

寸法記載の比率にしたがって縮図を作成し直そうと、毎年その日は京の酢屋の二階。修正や訂正を重ね、平成七年（一九九五）十一月十六日、ようやく所期の地図を完成し終えることができた。かれこれ一〇年もかかってしまった。掲出の地図と図面類である。

さて、酢屋は大黒町にあって、代々当主は酢屋嘉兵衛を名乗り、材木・銘木を扱い、嘉永年間（一八四八〜五三）には高瀬川舟運のうち、荷材木運送の差配役をも勤める発展を示した老舗であった。高瀬川舟入りの浜地に面した酢屋が材木・銘木を高瀬川を利用して舟運、その荷材木運送の差配役まで勤めたために、表口・裏行の間尺寸まで入れた詳細な大黒町の図面を作成、所持して家業に従事していたことが理解できる。

京の阿蘭陀宿海老屋は大黒町にあって、酢屋作成の図面にしっかり登場しているのである。酢屋と海老屋は同じ大黒町にあっても、酢屋は大黒町北組、海老屋は新町南組に属していた。

絵地図・図面

酢屋に所蔵されている地図・図面のうち、参観し得たものは、

○安永八年（一七七九）九月中旬作成、大黒町絵地図
○文久三年（一八六三）作成、大黒町大地図
○明治三年（一八七〇）閏十月改正、作成、大黒町図面
○明治七年（一八七四）以後作成、大黒町地図
○明治十四年（一八八一）作成、下京区第六組全図

の五点である。

右五点のうち、安永八年の大黒町絵地図を寸法の比率通り復元してみたものが、掲出の

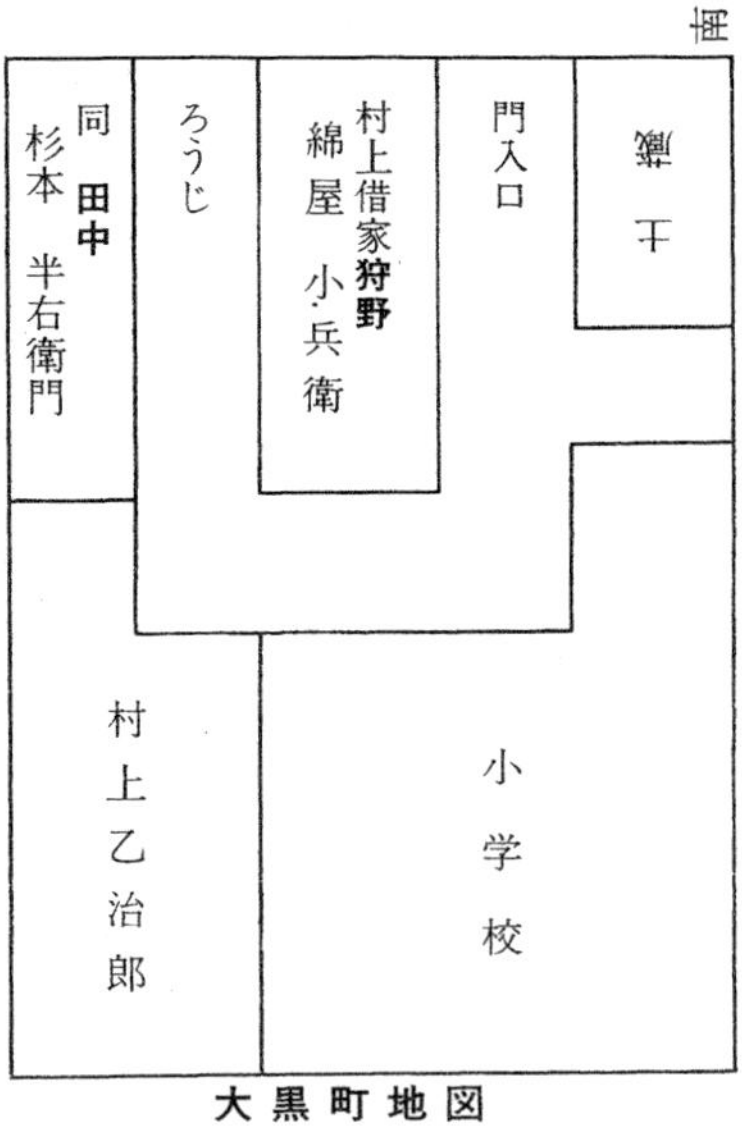

図5　村上乙治郎地所（「大黒町地図」明治7年以降，酢屋中川敦子氏所蔵原図より著者作製）

図である。これによってみるに、京の阿蘭陀宿の当主は「村上文蔵」とみえる。位置は、表口は川原町通に面し、舟入の浜地から数間の至近距離にある。右隣は山崎町境に接している。「川原町通三条下ル町」という表現とも矛盾しない。表口は「拾間壱尺六寸」、裏行は納屋六右衛門家の裏行と同じ長さを示している図からして「十五間五尺弐寸」ということになろう。

文久三年図では「大黒町之内西側　村上等一持家」と明記され、「表口七間四尺八寸五分」「裏行拾六間」とある。「南隣山崎町境」とある。これをみると、表口が少し狭くなっている。裏行はほとんど変わりない。

明治三年図には、「明治三庚午年閏十月券条御改正に付、図面全く之れ有り候、下京六番組大黒町、軒役七拾三軒五分役」とあって、村上は「三軒四分役」で「村上権少属」とある。「表口拾間壱尺六寸」裏行は右隣の山崎町境側が「拾九間三尺」で左隣側が「裏行拾九間四尺」とある。表口が安永度の旧に復している。裏行は少し延びている。

明治七年以降の図と思われる「大黒町地図」に見える「小学校」は、村上和光の寺子屋を購入して、明治七年にできた「三川小学校」を指していると思われる。これをみると、山崎境よりの奥を小学校として譲り、河原町通に面して右寄りに「土蔵」を残し、土蔵の左隣を「門入口」とし、さらに借屋を二軒造って貸しているらしく、「村上借屋狩野　綿屋小兵衛」と「同　田中、杉本半右衛門」と記入されている。「村上乙治郎」は「左奥角」に引き籠ったかたちになっている。この図にみえる「土蔵」はおそらく、古くからこの場所に頑丈に造られていたものと察せられる。

明治十四年三月改めの「下京区第六組全図」では「小学校」の位置がわかるのみである。現在は京宝・駸々堂の在る所である。

いずれにしても、京の阿蘭陀宿の敷地面積は一二〇坪くらいから二〇〇坪の間を増減して推移したことが判明する。

海老屋の建物

海老屋の指図

江戸の長崎屋の場合、北斎の描く『画本東都遊』には江戸庶民が窓越しにみえるカピタンの姿を見上げている部分しかみえない。『川柳江戸名歌図会』にみえるのも長崎屋表口の部分のみである。構造や間取りなどはさっぱりわからない。

海老屋《えびや》の場合はどうか。絵画史料はまったく管見に入ってこない。

天明八年（一七八八）正月三十日、いわゆる天明の大火で海老屋も類焼した。そのときの記録に、焼失前の海老屋は「建家」と「土蔵弐ヶ所」と明記している。大きさなどはわからない。

ところが、これまた幸いなことに、酢屋所蔵の文久三年作成「大黒町大地図」の「村上等一持家」の図面に間取りと屋根の形を示した簡単な平面図が書き添えられていて眼を惹く。いまのところ、唯一の海老屋に関する「指図」ということになる。重視しなければならない。

文久三年時点で海老屋の表口は七間四尺八寸五分で、裏行は拾六間であった。図をみると、海老屋は河原町通に面した前面を広く空けている。その角に前述した土蔵があったものと考えられる。預かった献上物や進物を保管する大切な土蔵であったと察せられる。一時的に荷物を積み置いたり、場合によっては駕籠や荷車が着いたから大事な空地であったわけである。

海老屋の間取

「朱引より西南にて」と注記している。たしかに、左隣りとの間の空間の方が広いようだ。したがって、朱線よりも奥まった、やや右寄りに海老屋は建てられていたことが察せられる。その一階部分は六帖三部屋、四帖半二部屋、それに「湯殿」などが付いていた。総二階建てではない。二階部分は、階下の六帖三部屋、四帖半一部屋部分の二階部分ということになろう。二階の部屋の分け方は示されていない。階段部分を差し引いて仮に三部屋もしくは小部屋が四部屋あったとして、海老屋の部屋数

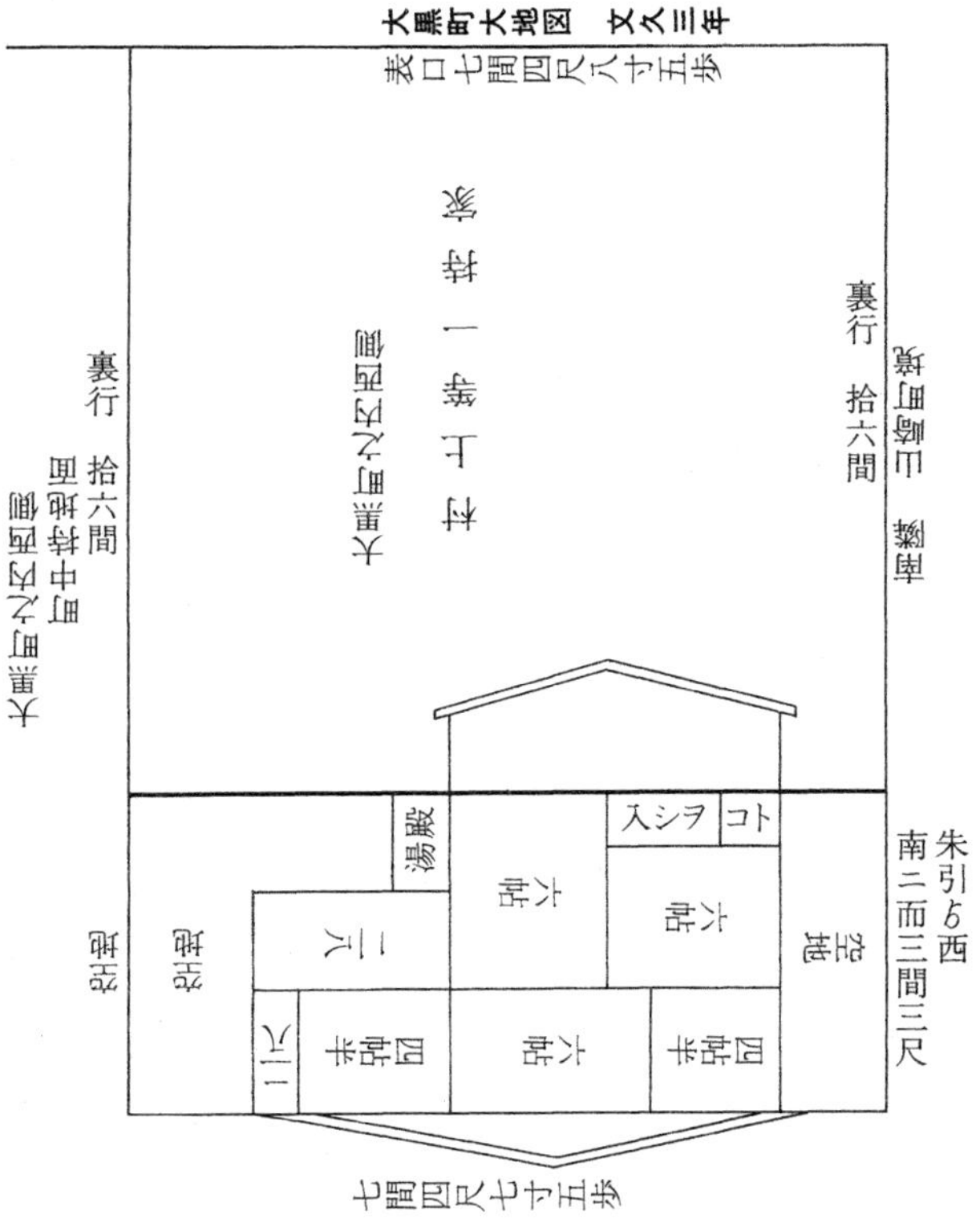

図6　村上等一持家指図（「大黒町大地図」文久3年，酢屋中川敦子氏所蔵原図より著者作製）

は全部で八室か九室で、八畳間がみえず小部屋ばかりである。

このようにみてくると、京の阿蘭陀宿海老屋は敷地もそれほど大きいとは思えない。家も大きくはない。外国使節一行の宿泊を引き請ける宿としては、むしろ、思いのほか小規模であると思われてならない。だから、後述するごとく、一行のうち主要なる日本人役人まで「下宿」させるよう、毎回、手配していることがわかる。

阿蘭陀宿の職務

海老屋の御用

『阿蘭陀宿用向手続』

オランダ商館長の江戸参府一行の宿泊を引き請け、定宿《じょうやど》として、海老屋はいかなる勤め、役割を果たしたか。外国人を含む人を泊め、荷物の保管を引き請けた特異な存在であったであろう阿蘭陀宿の業務・機能はいかなるものであったか。

海老屋関係史料のなかに、

『阿蘭陀用向手続』本文四八丁表紙付　一冊

をみることができる。

これをみると、表題の示す通り、まさに「阿蘭陀宿」の行った「用向」と、その必要な

「手続」とが書き留められている魅力的な史料であることが判明した。

そこで、『阿蘭陀宿用向手続』の記載事項を把握・理解して、それが実際に行われた業務日誌ともいうべき『御用書留日記』によって確認してみることができる。また、そのようにして「阿蘭陀宿」の業務・職務、その果たした機能を組織的に把握することができる。雑多な記事の含まれている『日記』を組織的に読み取る便利も得られる。

記載内容の全てについては、『阿蘭陀宿海老屋の研究II　史料篇』に譲らなければならない。その記載形式は一つ書きになっていて、九七ヵ条から成っている。各条の記載内容を勘案して、仮にそれぞれの箇条に表題をつけてみると組織的理解に役立つと考えられる。史料と比較・検討しやすいように、また検索の便を考慮して、各条に通し番号を付けることにする。表題のあと必要に応じて簡潔な説明を添えておく。

記載内容

(1)　蘭人着坂日限の届け

京都所司代、東・西両町奉行に対し、大坂の阿蘭陀宿長崎屋こと為川氏から蘭人一行が着坂の日限を知らせてきたら、そのことを届ける書類の形式すなわち書式とその届け方。

(2)　着坂祝儀

蘭人着坂の報をうけて、京の阿蘭陀宿海老屋の村上氏は大坂へ下り、為川に通知の礼を述べたあと、江戸番大小通詞の旅宿を訪れ、着坂の祝儀を述べる。次いで、蘭人が宿所としている銅座へ廻り、蘭人はじめ検使など随行の役人に対して着坂の祝儀を述べる。

(3)　部屋割・外宿《げしゆく》割

参府一行の仕払方と賄《まかないかた》方に対し、京都における部屋割と外宿割を申し出る。

(4)　人　数　書

仕払方より一行人数書（＝名簿）を受け取る。

(5)　大坂出立・京着日限定め

検使と打合せ決定のうえ、海老屋は帰京。

(6)　蘭人大坂出立、伏見泊、京着日限并延引の場合の届け

表記の事項について、京都所司代、東・西両町奉行に対する届けの書式。

(7)　商人共へ蘭人京着日の廻文

蘭人滞在中、海老屋に出入りの許可されている「定式出入商人」に対し、蘭人京着日通知の廻文書式。

(8)　駄荷・駕置所頼み

図７　高瀬川　一ノ舟入（著者撮影）

図８　高瀬川（『拾遺都名所図会』〔京都府立総合資料館蔵〕）

駄荷・駕置き場所を北隣り酒屋・近所空き家・浜納屋等へ頼み、借り置く手配。

(9)　定式出入商人名、本宅・外宅各部屋へ張紙

定式出入商人の業態・住所・姓名を本宅・外宅の各部屋に張り出す。

(10)　高瀬川船問屋より証札受け取り

蘭人参府往返滞留中、出火等異変時に、献上物・拝領物避難のための人夫差し出しの証札を取り置く。

(11)　昼夜門番雇い

蘭人滞留中、昼夜門番一人の雇い方。

(12)　伏見稲荷前迄出迎え、着届け

着日、伏見稲荷前迄出迎え、着届けは大通詞に付き添い、所司代、両町奉行へ届け方、書式。

(13)　所司代への願い

(イ)　参府道中の証文願い

(ロ)　蘭人差上物仮納め願い

東海道の道中、人馬并船川渡証文下付願い。

所司代・両町奉行へ帰路御礼勤めのときの差上物を往路仮納めしておく願い。

⒁　蘭人京着当日、証文下付の前例

道中人馬并船川渡証文下付の前例。

⒂　所司代在府中、月番町奉行証文渡し、帰路返納

所司代が江戸在府の場合、月番町奉行が道中人馬并船川渡証文下付、帰路、京着時、所司代へ返納に関する前例口上書。

⒃　大通詞より届け

(イ)　証文頂戴日伺い

(ロ)　差上物仮納め

大通詞より所司代に対し、人馬并船川渡証文頂戴の日の伺いと差上物仮納めの許可願い。

⒄　所司代不在中、宿より届け

出立届けは宿より公事方へ届ける。

⒅　通詞献上物持越の節、着届け、証文・進上物仮納め願い

蘭人参府休年の年、月番町奉行に対し、通詞が献上物を江戸へ持ち越す節の、京着届け、人馬并船川渡証文・進上物（差上物）仮納めの許可願い。大坂奉行所の場合。

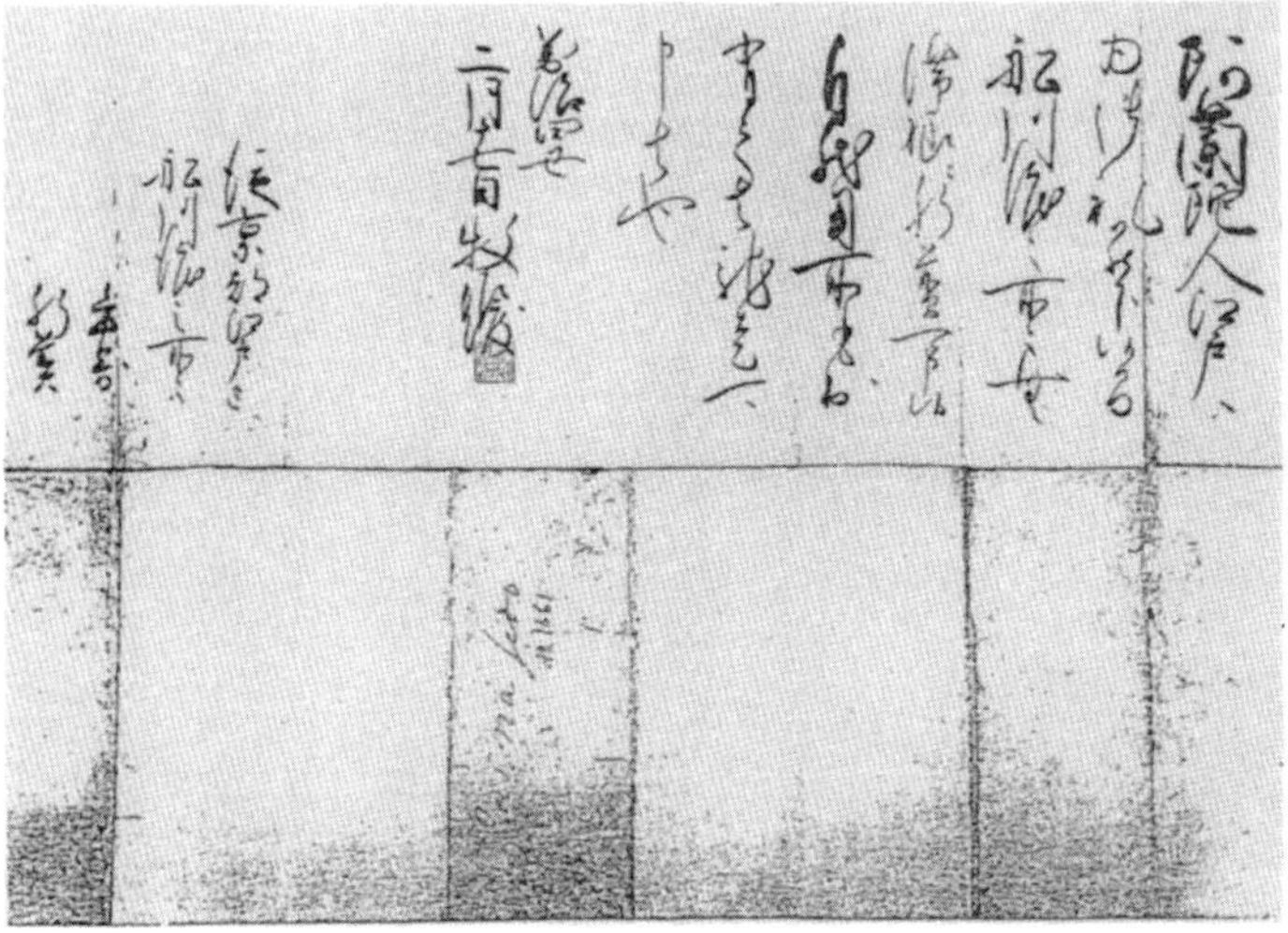

図９　東海道船川渡証文，万治４年（「京都町奉行牧野親成黒印過書」〔ハーグ，オランダ国立中央文書館蔵〕）

図10　蹴上宿　弓屋の店先き（『再撰花洛名勝図会』〔京都府立総合資料館蔵〕）

⒆　帰路、奉行所へ御礼伺いの節、控《ひか》え場所のこと、被下物《くだされもの》のこと

帰路、京着、御礼に、月番町奉行へ伺う節の控えの間についての指示。進上物に対する被下物のこと。

⒇　検使着届け、案内壱人差添え

長崎奉行の書翰を持参した検使が京着の場合、案内壱人を差添え、所司代・両町奉行所へ御届けの仕方、翌日の御礼・被下物のこと。

(21)　証文請取書

証文の頂戴がすむと、大通詞が請取書を持参する。附ケ札に御証文の写がみえる。

(22)　出立日所司代届け

大通詞が請取書持参の際、出立日を所司代の取次へ届ける。

(23)　出立日奉行所届け

奉行所に対する出立日届け。

(24)　向々《むきむき》出立届け

検使が向々へ出立届けをする。

(25)　蹴上《けあげ》迄見送、弓屋で蘭人休息、酒肴差出

出立の節、海老屋は次の宿である蹴上まで見送る。そこの弓屋八郎兵衛方で蘭人休息の際の酒肴差出しの仕方。

(26)　蘭人より茶料

蘭人より、海老屋とその手代に対し金百疋ずつ、弓屋に対する茶料百疋を差出す。海老屋から弓屋亭主へ茶料を渡すこと。

(27)　蘭人出立届け

海老屋から所司代・両町奉行へ蘭人出立届けの書式。

(28)　献上物・進上物・拝領物預り、土蔵鍵預りのこと

一行滞留中、献上物・進上物預りの一札を宰領へ渡す。土蔵鍵は妄《みだ》りに渡さない。帰路拝領物預りの場合も同じ。

(29)　差上物仮納め、仮目録納め

差上物仮納めの仮目録を海老屋より向々へ納める。

(30)　取締方請証文

取締方につき請証文に実印を捺し検使に提出。その文言。

(31)　商人書付、家内人数書

出入商人の職と身元を明記した書付一通、海老屋の手代・丁稚《でっち》・下男・下女など家内人数書一通、それぞれに実印を捺し、検使へ提出。その書式。

(32)　江戸長崎屋と長崎宛御用状、添状

江戸長崎屋宛に両通詞から御用状を差立てる際の海老屋の添状、道中七日限りで差立てる。長崎宛状は大坂為川方へ差下す。その書式。

(33)　江戸着歓状《かんじょう》

江戸の長崎屋宛、一行の江戸出立日限が決まったら急便で知らせて欲しい依頼状と同時に、検使・触頭《ふれがしら》・大小通詞・勘定役宛の江戸着歓状を出す、それぞれの書式。

(34)　江戸出立先触届け

一行の江戸出立先触が到来次第、所司代・両町奉行所へ届けの書式。

(35)　延着追触届け

道中、川支《つかえ》などで延着予定と変更になって追触が到来した際の届けの書式。前例を朱書で添えている。

(36)　蘭人道中病気の節、届け

蘭人が道中で病気になり滞留の知らせがあった際の届けの書式。

(37)　京着前日、前宿まで飛脚差立て、歓状

京着の前日、前宿まで飛脚を差立てる。それまで長崎の年番通詞より御用状等が到来している場合には、それらを歓状と一緒に届ける。向々への歓状書式。

(38)　着当日、蹴上迄出迎え、着届け

帰路蘭人到着日は蹴上まで出迎える。京着次第、大通詞に付添って着届けをする。

(39)　証文返上、請取書返却

大通詞から往路頂戴の証文を返上し、提出しておいた請取書を返してもらう。大通詞より蘭人御礼日限を伺う。

(40)　着　届　け

町奉行へ着届け、御礼伺い。

(41)　検使着届け

検使着届けも前項同断。

(42)　蘭人御礼廻勤、留守

蘭人が所司代・両町奉行へ御礼廻勤で留守の間は、町使か検使が留守に当たる。

(43)　差上物の本目録

蘭人から差上物をする際の本目録の用意の仕方。

(44)　蘭人廻勤道筋

蘭人廻勤の道筋と案内。廻勤先の門番へ差出す姓名書の用意とその書式。

(45)　中溜り部屋御廊下における着座

所司代・奉行所に伺った際、中溜りの部屋や廊下で着座、待機の仕方。

(46)　用人に披露願、御場所内見

蘭人御礼申上げ目通り願いを用人に願い、御場所の内見、座列や披露手続をカピタンへ伝え、着座待機。

(47)　所司代出座、差上物・御礼口上、例席休息、茶菓

所司代が出座されると、取次より蘭人一行や大小通詞、付添いの海老屋主人、同見習いの倅らの披露があり、カピタンの口上、それを大通詞が通弁、差上物を致し、御礼口上、それを大通詞が通弁。用人から口上を言上、御三ツ葉が下される。それを用人から大通詞へ、大通詞からカピタンへ伝達される。終わって退座、蘭人は引き取り、例席に休息、御茶・御菓子が下される。

(48)　横文字所望、通詞和解《わげ》

蘭人に対し横文字の揮毫《きごう》が所望された場合、通詞が和解書を添えて差上げる。その仕来り。

(49)　カピタンの帽子・剣御覧

所望のあった場合、カピタンの帽子・剣など御覧に入れる取り次ぎ。

(50)　カピタン暇乞《いとまごい》

カピタンの退出時における暇乞の手順。詳細に座席が図示してある。

(51)　門番へオランダキセル差贈り

所司代二条屋敷の門番へオランダキセル八本差贈りの仕来り。

(52)　町奉行所へ参上

月番町奉行所から非番町奉行所の順に参上。諸事、所司代に準ずる。

(53)　帰路道筋

(54)　通詞倅見習

通詞の倅を見習いとして連れてくる場合には、蘭人廻勤の際にも附添えるのか、帰路の際尋ねておいて、決定を聞いておく。向々へ御目通りの人数書（名簿）を提出しておく。病欠の場合でも御菓子を下されることがある。

(55)　宿倅見習

海老屋の倅を見習として連れてゆく場合は、これまた前もって向々へ御願いしておく。その書式例。

(56)　帰路、所司代・両町奉行不在の節の心得

蘭人江戸より帰京前に、所司代や両町奉行が転役・退役等で不在になる場合は、仮納めの進上物は納め、下され物は海老屋が請け取りおいて蘭人に渡す。それらの例書。

(57)　所司代不在の節、上京、差上物取り計い方

所司代転役、跡役未着の内に蘭人上京の際の差上物の取り計い方は江戸まで持参、納め、下され物受領の場合と、江戸まで差上物持ち越し納め、下され物は京で請け取る場合など、前例は区々《まちまち》。

(58)　奉行参府不在の節、上京、差上物取り計い方

町奉行が参府中に上京した場合には、江戸へ差上物を持ち越し、納め、下され物拝領するか、江戸に到着のとき、転役されていたら、跡役の奉行へ納め、下され物も跡役奉行より拝領のことなど、区々の前例。

(59)　所司代不在、転役前帰京の節の振合

所司代が在府、転役前に蘭人帰京の節の証文返上の仕方、差上物納め方、下され物拝領の前例等。

(60)　蘭人帰宅、向々より使者入来

所司代をはじめ向々より使者が遣わされてくる。所司代からの、時服と御銀を使者が持ってくる。オランダ側からは、烟草盆《たばこぼん》（オランダタバコにオランダキセル）・御茶・オランダ銘酒・オランダ蜜漬物一壺を差出して接待する。このうち、タバコ・蜜漬物・キセルは持ち帰る。以下、勘定方、両町奉行等の使者が続く。奉行所より長崎奉行所宛の書翰があった場合には受け取って検使へ渡す。使者入来、応対の着座の例が図示されている。

(61)　大小通詞、向々へ被下物御礼、出立伺い

大小通詞が蘭人の代理として、時服等下され物のあった向々へ御礼に伺い、出立日の伺いもする。大通詞病気の場合の小通詞伺いの仕方、手札の書式。

(62)　出立伺いの節、月番奉行所公事方へ書付

通詞が御礼・出立日伺いの際、海老屋が付添い、月番奉行所公事方に書類を提出、蘭人が祇園辺見物の際の警備役人の出役を願い出る。徳林院へも知らせる。

(63)　検使出立届け

検使が向々へ出立届けを行う。所司代から長崎奉行宛書翰は、着届けのときか、このときかに渡される。

(64)　蘭人出立先払、知恩院・祇園社・二軒茶屋・清水寺・大仏・三十三間堂参詣、稲荷前休息の事

蘭人出立先払いには仲座一人・助仲座一人の出役を得る。参詣・休息先へは前日のうちに海老屋から通知の願いをしておく。知恩院の徳林院の方丈拝見、二軒茶屋中村屋かめ方で休息、清水寺では寺内歩行、大仏・三十三間堂でも同様で、特に三十三間堂では内陣を一見する。伏見稲荷前の玉屋平右衛門方で休息のとり方は、蹴上宿の弓屋八郎兵衛方の振合いと同様である。

(65)　向々出立届け

海老屋から向々へ出立の届けをする。書式。

(66)　請証文・家内人数書

帰路宿泊の場合も、往路のときと同様、検使へ請証文一通・家内人数書一通を差出す。家内人数書は触頭へも差出す。

(67)　出立延引届け

差支《さしつかえ》が生じ、出立が延引となった場合、従来は、宿（海老屋）より月番役所へ届けてきたが、以後通詞より書付で届けるように文化二年改訂となる。以降の改訂事項も記す。

(68)　高瀬川支《つかえ》の節の運送

高瀬川支の節、拝領物その他諸物を牛車で運び、損レ物《こわれもの》類は船積みで日待ちするか、船問屋へ預かってもらう。

(69)　長崎より附添定人数、大坂宰領・陸尺《ろくしゃく》

長崎より附添定人数のほか、大坂宰領二人、カピタン陸尺（人足）八人。

(70)　雞餌并道中用之諸品代料受取

雞餌米、道中用之品、うどん粉、餅米、糀《こうじ》代等の受取。

(71)　蘭人検使招請鳥代金

検使を蘭人が一席招待の際の入用鳥代金コンパンヤ（会所）より鳥屋へ直接支払いの件。

(72)　料理部屋になませ雇の者

料理部屋になませ人足（有馬郡生瀬地区から出る宿駅人夫）五、六人住込みの件。

(73)　下坂、向々へ暇乞《いとまごい》

海老屋が大坂まで付き添って下り、向々へ暇乞いを済ませて帰京する。

(74)　帰国歓状
検使・触頭・町使・大小通詞・勘定役宛の帰国歓状の文案。
(75)　外宿対談
海老屋一軒で参府一行の宿泊を賄い切れるものではない。そこで外宿を確保せねばならない。そのための部屋の確保・値段交渉。
(76)　預　り　物
預り物は受領の書付によって品数改め、預り渡しする。
(77)　預り物・届物
預り物・届物は帳面に記し、届物を渡す際は受取書をとる。
(78)　カピタン所持紛失事件
嘉永三年、川崎駅でカピタン所持品紛失の事件発生、昼夜見廻り等、宿所取締りの願い。
(79)　献上物通詞持越の節、着坂、京着日限届け
カピタンの江戸参府休年に、通詞が献上物を江戸へ持参する際、大坂着、京着の日限を届ける書式。
(80)　献上物持越通詞倅連越しの届け

前項の際、見習として倅を連れ越す届けの手札書式。
(81)　高瀬川船荷問屋より取置く書付
高瀬川船荷問屋より取り置く証札の書式。
(82)　着、通詞付添い届け
蘭人参府、休年通詞出府の節、付添い届けの仕方。
(83)　長崎奉行よりの書翰届け
向々への長崎奉行よりの書翰を触頭か町使のうち一人が持参し、届ける。
(84)　所司代へ御礼日限伺い
御礼日限を所司代に伺う。同日、下され物を月番町奉行から渡されるかも承知しておく。
(85)　町奉行へ御礼日限伺い
町奉行に所司代御礼日限を申し上げ、奉行御礼日限を伺う。
(86)　所司代へ大小通詞御礼参上
(87)　奉行へ大小通詞御礼参上
(88)　宿倅召連願い
見習いとして連れて参上の願い。例席の事。

(89)　被下物御礼・出立届け
下され物の御礼ならびに出立届けの際、提出する手札雛形《ひながた》、および東西両町奉行所における例席の図示。
(90)　本献上通詞持越候人数御定
(91)　半献上通詞持越候人数御定
(92)　長崎町年寄江戸表拝礼当地通行届け
長崎町年寄が江戸表拝礼のため京都通行の際、海老屋が付き添い着届けの仕方。
(93)　姫君逝去、鳴物停止
(94)　御玄関刀持上り
(95)　滞留中、賄料、席料等
(96)　参府出立日限長崎屋へ達
参府の当地出立日限が決定したら、江戸の長崎屋源右衛門へ八日限便をもって達す。
(97)　町年寄相続の祝

記載内容の部類分け
九七ヵ条の記載内容を読み取って、表題を付けてみたことによって、記載内容すなわち海老屋が果たした職務内容を、時間的経過・職務の順序にしたがって部類分けすることができる。
(1)〜(12)　蘭人江戸参府一行が京着までに京の阿蘭陀宿がすべき準備・手続き
(13)〜(24)　往路、一行が京に滞留中の諸用向きの順序と手続き
(25)〜(33)　往路、一行出立・見送り、献上物・進上物の保管、警備、人的管理、江戸の定宿との連絡等心得
(34)〜(39)　帰路、一行京着までにすべき準備・手続き
(40)〜(53)　帰路、一行京滞留中の諸用向きの順序と手続き
(54)〜(63)　帰路、一行京滞留中の諸用向きに関連した心得の数々
(64)〜(65)　一行、帰路出立、見物に関する準備・手続き・心得
(66)〜(97)　その他、蘭人江戸参府往返に関連した諸事について心得の条々。その順序・手続き、そのための書式等

右は極めて大雑把に部類分けしてみたところである。しかし、このように仕分けしてみると、一見、無造作に列記してあるような九七ヵ条が、実は、オランダ人の江戸参府、も

しくは、参府休年に阿蘭陀通詞がカピタンに代わって献上物・進上物を江戸へ持ち越す際の宿泊・滞留中の諸事に関連した準備・手続き、心得、書式、参考となる前例などが、職務の順序にしたがって、実に要領よく、遺漏なく書き上げられていることが判明する。換言すれば、例年の職務の順序・次第を遺漏なく示している、京の阿蘭陀宿にとっての「必携書」「虎の巻」、現代風に言えば「ノウ・ハウ集」「マニュアル・ブック」といったところである。したがって、海老屋において、現当主が職務遂行上参考となったばかりでなく、代替わりごとに、次の当主にとって、職務を引き継ぎ、遺漏なく職責を果たしてゆくうえで、極めて重要な「手引き書」であったことと察せられる。ことに、所司代屋敷、東・西町奉行所における儀式張った役務を遂行してゆくうえで、座列の図示などはどれほど役立つものであったか、量り知れない。加えて、前例を具体的に列挙し手続きの書式、文案を多く示しているのも、この「手引き書」の価値を高めているといえよう。

おそらくは、江戸の長崎屋をはじめとする他の阿蘭陀宿においても、この種の「手引き書」「マニュアル・ブック」を作成・所持して、それぞれの職務に従事していたことかと思われる。

海老屋が借りた寺と貸座敷

天明大火

天明八年（一七八八）正月三十日未明、賀茂川の東岸、四条大橋の南、団栗辻子《どんぐりのずし》より失火。折からの強風で、火は賀茂川を越えて寺町四条近辺に飛火。それより三方に広がり、二昼夜焼け続けた。禁裏、二条城をはじめ三七社、二〇〇寺、町数一四〇〇余、町家三万七〇〇〇軒、罹災世帯六万五〇〇〇余戸と、京の五分の四を焼き尽くした。天明大火後、産業・経済面で京の凋落ぶり著しく、以後、京都はなだらかな衰退の道を辿ったといわれる。

京の阿蘭陀宿海老屋は賀茂川を挟んで火元の対岸に近く、たちまち焼けてしまった。恐ろしい大火の様子を、海老屋の主人・村上文蔵も次のように記している。

正月晦日未明より出火、建仁寺町西より来るの辻子より、東風小《すこ》し強く、大変、京洛中、残らず大火、残らず、未聞の事とも、筆紙に尽し難き次第、恐ろしく……

「建仁寺町西より来るの辻子より」というのは、「天明大火図」が「宮川町団栗辻子新道角　某両替店より出火」と明記するのと同じ場所を表現を変えていっただけのことである。

この日、文蔵は所用で大坂へ下っており留守であった。翌朔日に帰京、「居宅残らず類焼」、家内もまず東山の真如堂へ移り、藤屋三郎兵衛方に身を寄せて、ようやく二月四日、同所で家族の顔が揃い無事を確認し得た。それから、横大路の本家へ移り「暫く逗留」の止むなきにいたった。

この大火・大変で「建家」は申すにおよばず、「土蔵弐ヶ所」焼け落ち、「残らず焼失」してしまった。

一家の顔が逗留先に揃って無事を確認し得たのも束の間、オランダ人一行が参府で上京してくる。大切な「御用」は勤めなければならない。焼け野原で海老屋の主人・村上文蔵は、さて、どうしたであろうか。

天明八年度応急措置

天明八年の参府カピタンはヨハン・フレデリク・バロン・ファン・レーデ・トット・ド・パルケレル Johan Fredrik Baron van Reede tot de Parkeler で、二月四日夜、大坂に着いた。その知らせを得て、文蔵は「五日夜、ふね」で「下坂」「翌六日着坂」した、といっている。さっそく、大坂の阿蘭陀宿長崎屋辰吉方へ出向いたものである。その際、「ふね」で「下坂」と明記しているから、高瀬舟で大坂へ下ったものと見受けられる。

本年の検使は長崎奉行末永摂津守家中の岩本定右衛門、下役は斎藤仲右衛門、町使は杉山兵左衛門と矢次関治、江戸番大通詞は名村元次郎、同じく小通詞は本木栄之進の面々であった。文蔵は携帯していった「焼所ニ朱入」のしてある「京都絵図一冊」を示して説明、カピタンにも「委細」に説明を行った。このときの通弁は本木栄之進が勤めている。例年の形式的な説明では済まない。このような混雑した内容の通弁に、大通詞を措《お》いて小通詞の本木栄之進が当たっているところをみると、のち難解な天文書の翻訳に従事する本木《もとき》良永《りようえい》(栄之進)の実力がさっそく役立てられたものと見受けられる。

話の内容は、旅程の変更説明である。京都大変により、伏見へ着のうえ「翌日一日」は「伏見駅」に「滞留」して、「翌十一日朝」に出立、京都は通過して、「大津」へ「向」い、

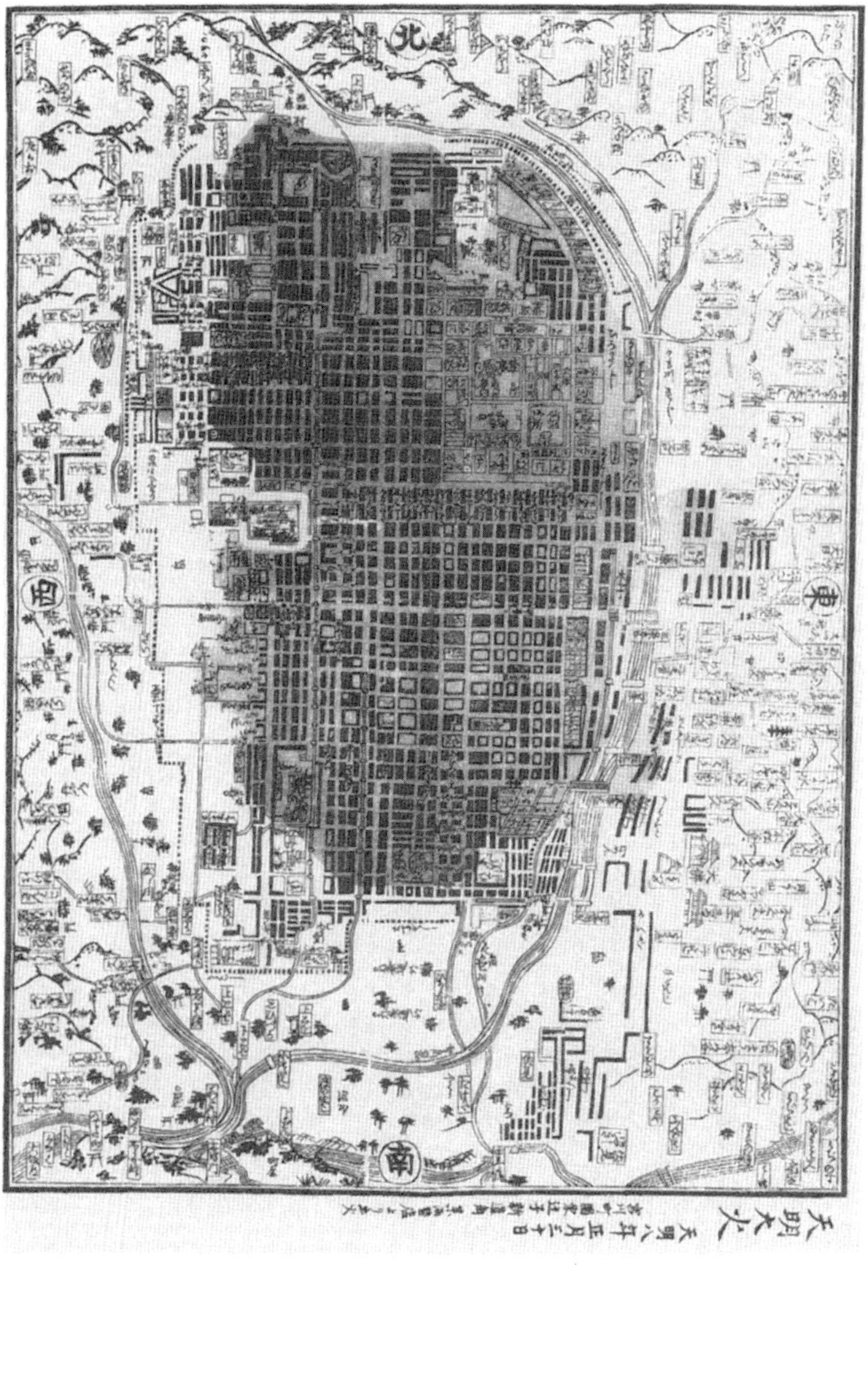

図11　天明大火図　天明8年正月30日（京を語る会『近世京都絵図十種』〔田中泰彦氏蔵，写真提供京都府立総合資料館〕）

図12　天明大火（『万民千代の礎』〔京都府立総合資料館蔵〕）

「草津泊」りの「積」りに「一統相談」して「相い決」したのであった。

日程変更が決まったところで、「六日」大坂から大津屋与兵衛をもって京都町奉行所への届けを頼んだ。届けの文面は次の通り。

恐れながら口上書

阿蘭陀人大坂表へ着仕り候ニ付き、此の段御届け申し上げ奉り候、以上

二月七日

大坂ニこれ在り候
村上文蔵
代与兵衛

宛先は東・西の両町奉行所で、

（西）
山崎様御月番　御取次　伊佐川　友七殿
公事方　真野八郎兵衛殿

（東）
池田様　〃　中尾　勇蔵殿
公事方　末吉　新五郎殿

であった。この年、京都所司代は不在であったため、大坂城代から東海道の「船川渡証文」と、「人馬証文」とが下付されることとなった。

いよいよ、「九日」大坂を出立、伏見へは「今井船」で行ったと明記している。石井謙治氏のご教示によれば、今井船は手繰今井船《てぐりいまいぶね》または、単に手繰舟ともいわれ、禁裏御所の御用魚を、毎日、尼崎または大坂から淀川をさかのぼって運送するための船であって、淀川を上下する通常の旅客船である三十石船《さんじっこくぶね》よりも小型で、船足が速かったため、生魚や塩肴などを運ぶに適していたということである。伏見では京橋本陣の大塚小右衛門方であった。

一行が伏見に着いた場合も、次のような届けを京都の両町奉行所に提出している。

恐れながら口上書

阿蘭陀人伏見表へ到着仕り候処、当節出火大変ニ付き、京都ニ滞留仕らず、明十一日直ちニ大津へ通行仕り候ニ付き、恐れながら此の段御届け申し上げ奉り候

巳上

二月十日　村上文蔵

この届けを、大通詞名村元次郎と同道、京へ上ってすませた。大坂城代から「御証文」下

付の願いもして、伏見へ戻っている。文蔵は伏見横大路に泊まり、翌十一日早朝出立、伏見街道の藤之森の下で、「小休」ののち一行は出立。文蔵はそれを見送って上京、「伏見今朝滞り無く出立」のことを「届」けた。その文面は次の通り。

恐れながら口上書

阿蘭陀人伏見表唯今出立仕り候ニ付き、此の段御届け申し上げ奉り候、已上

二月十一日　　村上文蔵

手代を蹴上宿の弓屋まで遣わし、「酒肴」「吸物」で見送りの宴を催させた。このように、大火で焼け出されても、京の阿蘭陀宿村上文蔵は、自分の家族のことはさておき、例年通り、大坂に下り、対処に汗している。京都滞留を急遽変更、一行を伏見に泊め、京都は通過、草津へ送って泊めるべく、奔走し、役所にも順次「届」を行って、事を進めている様子がわかる。

このようにして、カピタンの江戸参府往路は切り抜けたものの、復路の心配がすぐ待っているのである。

村上文蔵は「円山両方」に「止宿場所」を頼み、高台寺に避難している所司代をはじめ、両町奉行に届け出をしている。これは「三月晦日」のことである。

四月二日になって、「先触状」が届いた。それによれば、「四月四日」にオランダ人一行が「京着」の「積」りであると。そこで、このことを翌「三日」に「御届」けした。ところが「四日」になって、「追先触《おいさきぶれ》」が「到来」して、「道中、富士川満水」によって「差支《さしつかえ》」となり、「明五日着」の予定になったと。そこで、この変更のことを、所司代・両町奉行へ届け出る。ところが五日も着かず、結局六日になった。そのつど、届け出を行っている。ようやく六日になって、

恐れながら口上書
阿蘭陀人唯今着仕り候に付き、右の段御届け申し上げ奉り候、以上
四月六日　　　　　　　　　　　　　　　　　　　村上文蔵

と、名村元次郎同道にて、所司代借宅の高台寺と両町奉行所に出勤することができた。例年だと、このとき、所司代と両町奉行所にカピタン参上の日取りの許可を得て、進物を納める打ち合わせをするのであったが、本年の「御目見」は取りやめとなった。一行は十一日に出立した。

恐れながら口上書
阿蘭陀人唯今出立仕り候に付き、此の段御届け申し上げ奉り候、以上

四月十一日　　　　　　　　　　　　　　　村上文蔵

往路と同様、見送りには手代を遣わし、伏見稲荷の大坂屋で「酒肴」に「吸物」を出して一行を見送った。

京の大火による大変に加えて、海老屋村上文蔵にとっては、カピタンの江戸参府の往路・復路、京通過・滞在の間、息の抜けない「御用」勤めが重なって、まさに大変なことであった。帰路滞在の際、確保した「円山両方」の貸座敷の名が明記されてなく遺憾といわざるを得ない。

このように、京の阿蘭陀宿にとっては、参府の一行を泊めるだけでなく、その居宅を失っても、「止宿場所」を確保、もろもろの手続きをこなしていかなければならなかったのである。

寛政元年

大火の翌年、寛政元年（一七八九）、閏二月、本年の参府カピタンはヘンドリク・カスパル・ロンベルグ Hendrik Casper Romberg 一行である。

村上文蔵は所司代・両町奉行所に願い出て、三条大橋の東詰にある檀王法林寺に止宿場所を確保して、「御用」を勤めることができ、「有り難き仕合せ」と喜んでいる。

帰路は昨年同様「東山円山」の内を物色し、加えている様子で、そのほか「下川原辺」

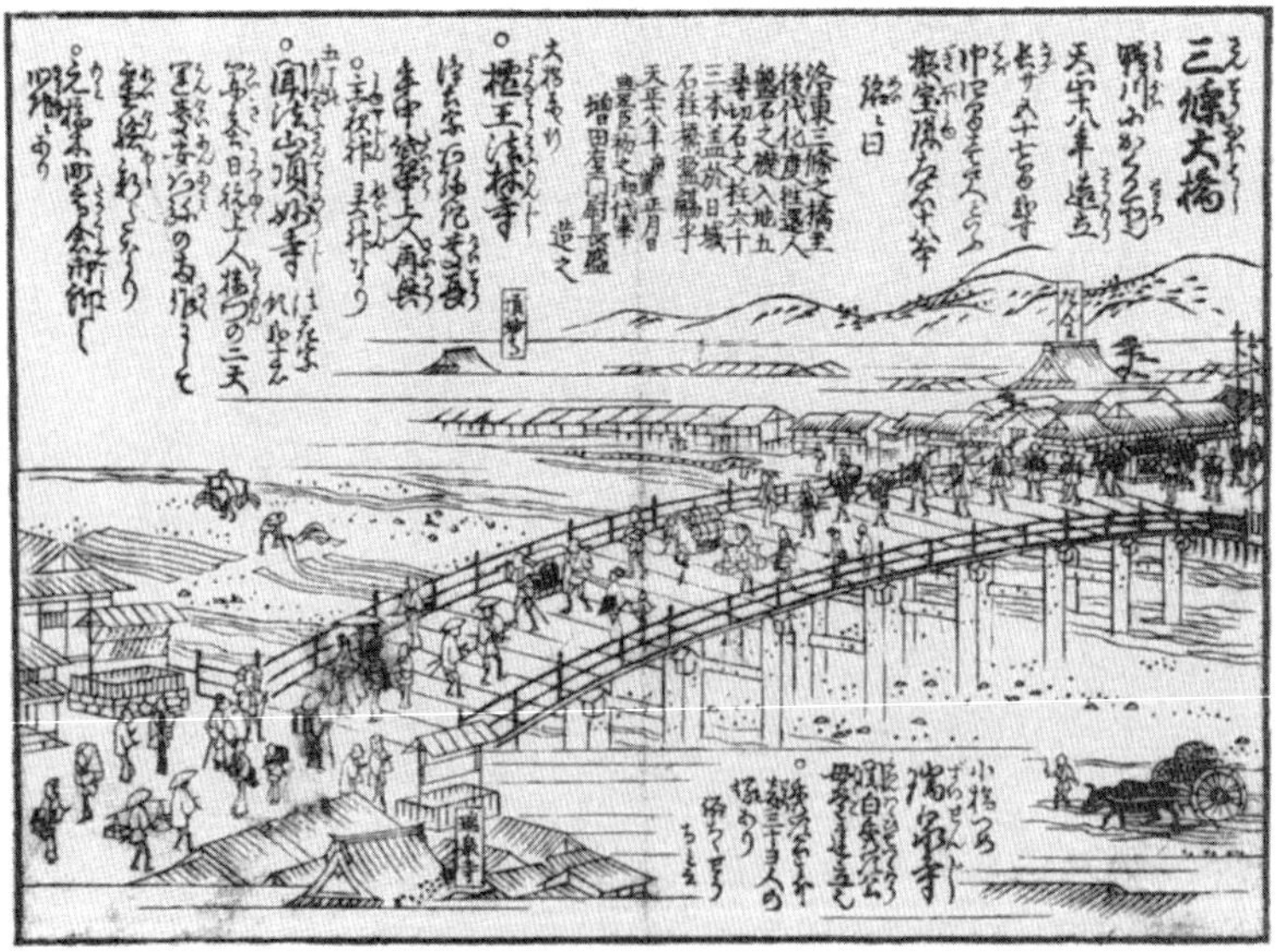

図13　三条大橋（『増補華洛細見図絵』〔京都府立総合資料館蔵〕）
右上に檀王法林寺をのぞむ.

の「貸し座敷」をも借り請けたいと物色した。いずれも「差支」といわれてしまった。結局、文蔵は三月二十五日になって「此の度も右法林寺借請」を願い出ている。三条大橋の橋詰の町は宿屋町として有名であった。『都名所車』（享保十五年刊）は京見物の手引き書というべきもので、三条中島旅籠屋が次のように紹介されている。

三条中嶋旅籠屋

大橋西詰南がハ東より

目貫屋藤右衛門　加賀屋　久兵衛
八百屋　新兵衛　日光屋八郎兵衛
小刀屋　忠兵衛　近江屋　夘兵衛
近江屋　文　次　升　屋　友三郎
山城屋　伊　助　西国屋　吉兵衛
万　屋　甚兵衛　秋田屋　権兵衛

同　北側東より

尾張屋　五兵衛　みす屋　市兵衛
柏屋　半右衛門　十文字屋平兵衛

近江屋　次兵衛　　編笠屋　八兵衛
亀　屋　嘉兵衛　　ふで屋　伊　助
中　屋　佐兵衛　　大津屋吉右衛門
池田屋　惣兵衛　　吉岡屋　弥　吉
同大橋町旅籠屋　大橋東詰西より
大坂屋　伊兵衛　　いが屋　源太郎
俵　屋　喜兵衛　　こめ屋　平兵衛
いせ屋　半兵衛　　小松屋　長兵衛
丁子屋　勘兵衛　　みの屋　徳兵衛
きの国屋伊兵衛　　越後屋五郎兵衛
かぎ屋　伊兵衛　　豊後屋　友　七
びぜん屋藤五郎　　津国屋　忠兵衛
同　北側西より
葵屋　久右衛門　　伏見屋　藤兵衛
大和屋　平五郎　　まつ屋　権兵衛

升　屋　仁兵衛

檀王法林寺と海老屋は至近距離にあり、この宿屋町が利用できて便利である。現在も左京区川端三条上ル法林寺町門前町三六、すなわち京阪三条駅前にあって、「だんのう」さんの名で親しまれている。京都所司代板倉周防守らの信仰をうけて、堂塔坊舎も完備にいたった寺であったから、京都所司代からのお声がかりとあれば、通りがよかったものと察せられる。

ところが、今回は「来ル廿六日頃より来月四日まで」「年回」の勤めがあって「差支」るというのである。そこでまた、御役所へ周旋方を願い出、ようやく対談が整い「安心」にいたり、前年に準じ「御用」を果たすことができた。

当面のことは「安心」にいたったが、続いて次年度のことが間近に迫ってくる。と同時に、いつまでもこんなことばかりはしていられない。京の阿蘭陀宿の再建に努めねばならない。

実は、檀王法林寺を宿所に借り受けることのできた背後には、長崎奉行所から京都の両町奉行に対して「御掛合」「御声掛」がなされていたことも有力に作用していたようだ。

右のことは長崎奉行所が、次年度の春に江戸番を勤める通詞本木栄之進と中山作三郎に与えた指示の文中にみえていたことであった。

その日付「酉十二月（＝寛政元年（一七八九）十二月）」の時点で、村上文蔵は「献上物」を入れ置く「土蔵壱ヶ所」だけは「取り建」てていた。居宅にはとても手が廻らない。家族の生活を犠牲にしても、とにかく、「献上物」保管という「御用」第一に努めている海老屋の様子が察せられるところである。

長崎奉行所は江戸番大小通詞に対して、

来春紅毛往返円山内貸座敷又は、外場所にても、何れ附き添い警固の者、通詞、其の外一同、一円に罷り在るべき旅宿差支これ無き様

と指示し、村上文蔵に対し「相応」の「相対」をするよう「御声」をかけておくように、京都の両奉行所にも通知しておくから、「其の旨」を心得、「両御役所」へ「御願」い申し上げ「御下知」を受けるように、ともいっている。

これを受けて、江戸番大小通詞は、警固に当る検使関源次兵衛とも連繫を保って海老屋村上文蔵に指示を与えている。

寛政二年

本年の参府も昨年に続いてロンベルグ一行である。

京の阿蘭陀宿村上文蔵は、「正月」さっそく「東山円山中、也阿弥・眼阿

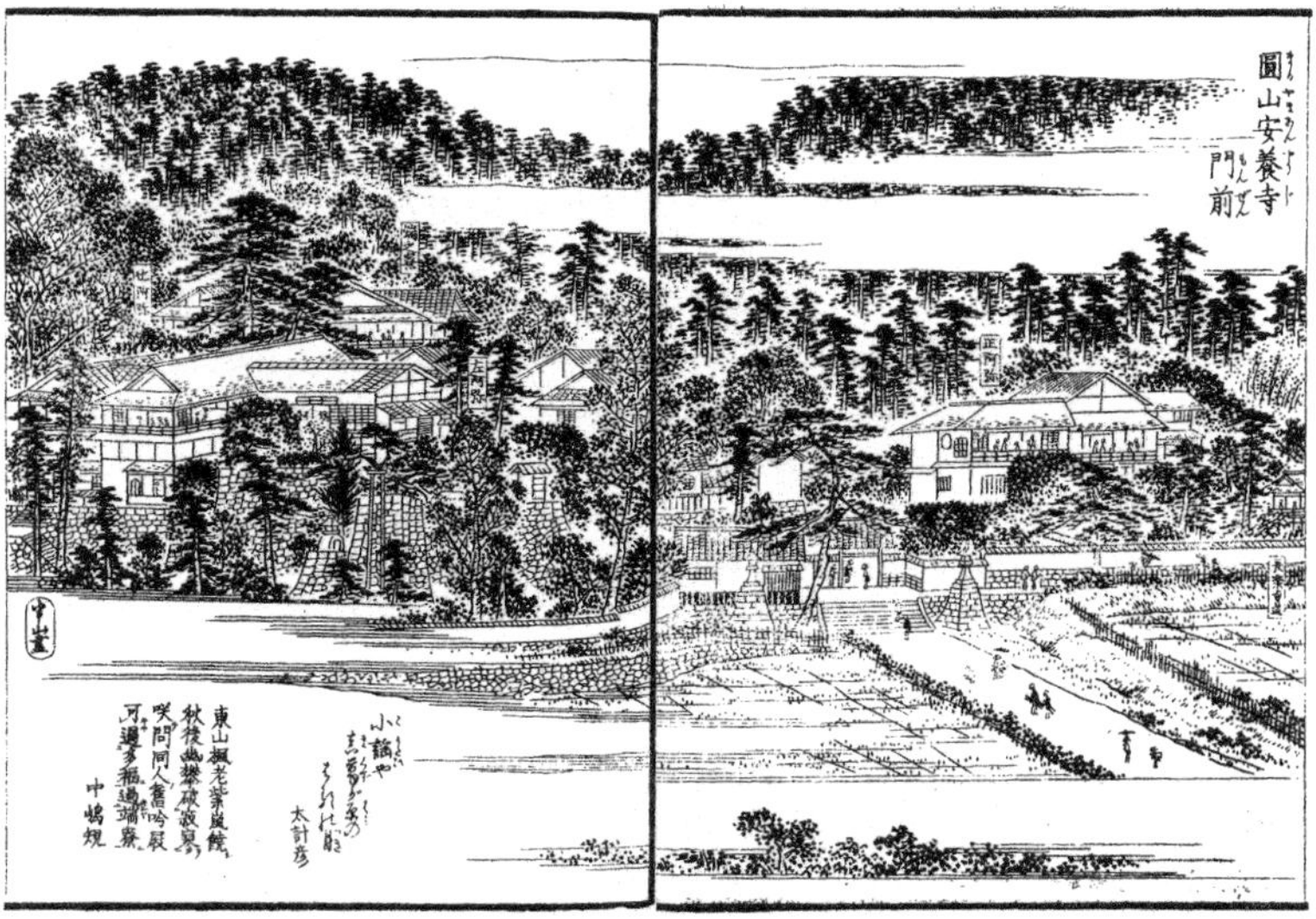

図14　円山安養寺門前（『増補華洛細見図絵』〔京都府立総合資料館蔵〕）
也阿弥，正阿弥がみえる．

図15　カピタン・ロンベルグ園遊の図（「円山安養寺眼阿弥亭旅舘図」〔ライデン国立民族学博物館蔵〕）

弥、右二ヶ所借り請」け、「止宿」に当てたいと町奉行所に願い出ている。前記「円山両方」も、也阿弥と眼阿弥であったかもしれない。円山にある貸し座敷六阿弥、すなわち、正阿弥・左阿弥・重阿弥（庭阿弥とも）・也阿弥・連阿弥・眼阿弥（春阿弥とも）のうち二ヵ所を借り請けたいと願い出たわけである。

結果としては、「往返とも円山」で「御用」を勤めることができた。ただし、「止宿」できたのは、「参府の節」が「眼阿弥」（図15参照）で、「帰路の節」は「也阿弥」であった。両所における一行止宿の様子はかなり混雑・窮屈な様子であったことが窺える。

一方、阿蘭陀宿再建の件について、海老屋村上文蔵は「遥々《はるばる》」長崎まで出向いて、通詞を通じて嘆願に及んでいる。文蔵の嘆願内容は、「御用」を勤めるためには「家作」なしでは「叶い難」いことであるので、「阿蘭陀人方より送り砂糖等」を「申」し「受」け、再建資金に当てたい、というものであった。このようなことは「殊に先例も御座候に付」と明記しているから、以前にも、海老屋の建築資金としてオランダ商館から「送り砂糖」が出されたことのあったことが察せられる。

江戸の阿蘭陀宿長崎屋源右衛門の復興・再建資金の一部として「送り砂糖」がオランダ商館から支出されている例も判明しているから、京の阿蘭陀宿も同様な特典を得ていたであろうことが察せられる（拙稿「長崎屋の類焼と転宅」〔『洋学史研究』第八号〕）。

ところが、通詞の対応は冷たく、

此の節、阿蘭陀方献上物江府へ差上げ方の義に付き、仰せ渡され候趣これ有り、右の願い等差し出し候時節にこれ無きに付き……

という理由を通詞から聞かされ帰京したというのである。文蔵の長崎下りが何月のことか判然としないが、どうも、オランダからの「献上物」を幕府に「差し上」げることについて、何か変動がありそうな気振りである。抽象的な物言いで、もう一歩はっきりしない。思うに、これは「九月」に出された貿易半減令と、それに関連して江戸参府も五年目ごと、四年に一回に改定されたことを指していると思われる。まさに「時節（＝タイミング）」がはなはだ悪かったわけである。

かといって、このままでは海老屋の再建はできない。そこで村上文蔵は「十月」になって、「例年」「下し置」かれる「私受用銀」の「十二月」に渡される分を「此の節」渡してもらえないか、と願い出た。現今、いうところの「前借り」もしくは「前倒し」を願い出ているのである。

この村上文蔵の願いに対する回答文書は見当たらない。回答の得られないまま越年となってしまったようである。

寛政三年　「唐紅毛商売方御改正」いわゆる「半減商売令」が発せられてから、はじめての年である。

「献上物」も「半減」となり、「通詞」をもって「代礼」を「相勤」めることとなった。実際に、「献上并御進物」を警固して「代礼」のため京に上ってきた一行は、

御役所附触頭	武井　夘太夫	上下弐人
御役所附	山本信左衛門	上下弐人
大通詞	石橋助左衛門	上下三人
	通詞付筆者	弐人
	宰　領	弐人
	御勝手小役	弐人

〆　拾三人

外ニ大坂雇宰領　三人

であった。

これら一行が滞府中の「旅籠料」については、「別段」に払われるということはなかっ

た。そのような「賄料」は海老屋村上文蔵の「受用銀」の中に含められている、というのである。それどころではない。

カピタンが実際に参府した従来の村上文蔵の「受用銀」は「四貫八百拾匁」で、その「内」に、「賄料」が「壱貫弐百拾目」「籠《こ》」められていたのである、と。

それが、今度の「改正」で、「江戸・京・大坂三ヶ所」とも「参上休年」には「定式」の「半高」を「紅毛人」から「払」ってくることとなった。したがって、「紅毛人」の「参上年」は「是迄の通」りとし、「休年の節」は「定式の半高御受用」と決められ、「三月二十八日」付で村上文蔵は承諾の請書を書かされている。

隣りの宿駅までの送り迎えは、「参上年」と同様にいたし、役所への諸届けも同様にこなした。

今回も「檀王法林寺中」の「利見院」を「旅宿本陣」とし、「寺中」の「清光院」をも借りて一行の止宿所にあてて「御用」を勤めた。

海老屋村上文蔵にとっては、なかなか難儀なことのようであった。

寛政六年　寛政六年はヘースベルト・ヘンミー Mr. Gijsbert Hemmij 一行の参府年である。江戸番大通詞は加福安次郎、小通詞は今村金兵衛。

海老屋村上専八が一行の止宿場所として願い出、借り受けたのは、やはり檀王法林寺であった。

本年の場合、専八が宿料について、かなり詳細に書留めていて参考になる。次に示す。

旅宿檀王法林寺借受方丈

宿料五枚ツヽ　但し両度にて拾枚也

屏風并たゝミ盃燭台から御挨拶　百疋　但し両度弐百疋

役僧并院内中へ銀弐両ツヽ　但し両度にて四両

男中鳥目弐百文ツヽ　但し八拾

門番へ両度にて五百文

このほか、検使の旅宿として院内の清光院を借りて、座敷料百疋、男へ百疋。大通詞加福安次郎と籠の者は堺屋、小通詞今村金兵衛は不しみ屋の裏座敷で、勘定方らは表二階であった。帰路の節は、大通詞が米屋表二階、小通詞が越後屋、勘定方らは伏見屋であった。「不しみ屋」「伏見屋」は伏見屋藤兵衛、「米屋《よねや》」は米屋平兵衛、「越後屋」は越後屋五郎兵衛のことであろう。

寛政十年

寛政十年は、再びヘースベルト・ヘンミー一行が参府する年に当たっている。

これまでの推移からすれば、今回も、京の阿蘭陀宿として海老屋村上専八は、迷惑をいい張る檀王法林寺を、所司代・町奉行の御声がかりで、借り請け、御用を果たさなければならない。気の重いことである。

頭の痛い海老屋は前年の暮れから準備の打診を開始した。

それに対して、檀王法林寺からは、例によって、今回も「差支」の旨を通告してきた。

そこで、海老屋としては「近辺」の「寺」とか「借屋敷等」を物色するのであるが、「取締」の点からして、これはというところが見当たらない。

先年、「円山」で御用を勤めたが、同所は「取締」の点からよろしくない。かつ「献上物」の「出シ入」れの「改」めに便利がよくないだけでなく、「雑費」が「夥敷《おびただしく》」かかって「誠に難儀」である。

なんとしても「檀王法林寺方丈」を「借請」けたい。「取締」にもよく、「町宿屋町」で「下宿等」を借り請けるに至便である。

よって、またまた「十二月」に嘆願に罷り出た。

役所が法林寺に対し「御紀《おただ》」しになってみると、次のような理由で「差支」を申し立て、「断」るというのである。

○東福門院様御位牌、有栖川宮様、光台院様御位牌があるのに、「魚獣類」を「養」うのは「断」りたい。

そこで、「魚獣類」の「煮焚《にたき》」は「門前宿屋」で行い、「持ち歩ひ《はこび》」にすると「御請書」を一札、奉行所に提出するという一幕があって、ようやく法林寺を借り請けることができた。海老屋は「請書」の文面に「私方普請」のうえ「旅宿相勤」めたきことを、しっかり書き入れることも忘れていなかった。

次いで、いよいよカピタン一行上京となる。ところが「紅毛人食物差支」と、クレームがついてしまった。ところが「御役所」は「御取り上」げ「これ無く」というわけで、「紅毛人」は「今朝より唯今九ツ半時迄」になってしまっていると、海老屋は、ほとほと困り果てて御役所へ訴え出た。「九ツ半時」すなわち、朝から午後一時頃にいたるまで「紅毛人」の食事ができない。オランダ人一行、強硬にハンガーストライキに及んだ事態となってしまった。

「京都大変に付き、間に合い候場所」は「残らず焼失」してしまい「勿論、其の方（＝

海老屋を指す）居宅」も「同様の事」で、「借宅手ま取り、不都合の事は勿論の事」と、役所が海老屋に同情、「異国人の義は、存ぜず、誠に慎みなき事に候」と、嘆いている始末。

役所では、またまた法林寺を呼んで、法林寺が「段々断りに及ぶところを」説得、ようやく「承知」してもらうことを得た。

「帰路」が、またまた大変と、海老屋は取締りの点からも、経費の点からも希望しないところではあるが、「祇園八軒清井町津国屋勘兵衛方」の「借請」を下交渉して出願に及んだ。

ところが、役所は「場所柄」を考え許可しないというのである。その理由は、先年、「二軒茶屋」で「彼是《かれこれ》の義」が「出来《しゅったい》」して、「過料差し出し」のことがあった。「御公儀御役所」としては「聞き捨てかたく」許可できない、というのである。

そこで、また、海老屋は探索に努め、役所も「堀川本国寺」か「寺町本能寺」の「間数」ではどうか、と、「書留メ」を点検のうえ指示を出した。そこで、海老屋は「本能寺方丈塔頭座敷」を「一見（＝下見）」をして、確認のうえ、「御役所より御声掛り」によって、ようやく「本能寺」の「方丈并塔頭五ツ寺」を「借請」にこぎつけたことであった。

借料は次の通りであった。

本能寺宿礼、方丈并五ツ寺とも
方丈銀七枚　役増《ママ》銀二両金百疋
案者銀壱匁　門番六十文
○銀壱匁役増《ママ》　又○銀壱匁案者　○金百疋同断
右出入方より遣す

海老屋の御役勤めは、なんとも涙ぐましいものである。

享和二年

享和二年（一八〇二）は、商館長ウィルレム・ワルデナール Willem Wardenaar 一行の江戸参府である。海老屋は、渋る檀王法林寺に対して町奉行所から声をかけてもらって、なんとか借り請けて御役目を果たすことができた。ただし、「料理場」については寺の隣りの「枡屋仁兵衛方」を借り受けて料理場を確保、料理して「持ち歩《はこ》ひ」で賄う「対談」を整え、寺内では「魚鳥獣の類」は決して「煮焚」きはしないと誓っている。枡屋における「料理場建借し」代は「弐貫八百文」であった。

居宅再建の件については、再度長崎嘆願に及んでいる海老屋の願いを受け止めた長崎奉行から京都の町奉行所に「御掛合御書」が到来したらしく、それを受けて、京の町奉行から海老屋に対して呼び出しの通知があった。

町奉行所から尋ねられたことは、「先年類焼」時、すなわち「宝暦五年」と「安永九年」の場合の「前例」であった。

これに対し「阿蘭陀宿村上専八」は「御尋ねに付き口上書」を提出しているが、「書留メ残らず焼失」のため「已前の儀相い分り申さず」と返答せざるを得なかった。

文化二年（一八〇五）にいたって、海老屋の再建は、ようやく実現の運びにいたったとみえ、オランダ商館から建築資金用に送られた「送り砂糖」について書き留められている。それによれば、「村上文蔵へ送り砂糖」として、

明和五年　白砂糖　一〇籠
同　六年　同　二〇籠

右の計三〇籠は大改築の「修覆料」として送られたもの。

安永九年　同　二〇籠
天明元年　同　一〇籠
天明四年　同　三籠

この三〇籠も大改築修覆料として送られたものであった。

これは「悪敷」くなった「玄関」と「勝手」の修覆料として送られたもの。

寛政二年　同　五籠
同　四年　同　五籠

右の一〇籠分は「天明八申年類焼」に対する、いわゆる見舞金がわりに送られたものであった。

文化二年　同　一二籠
同　三年　同　一二籠
同　四年　同　一一籠

三年間にわたって、計三五籠の送り砂糖は「旅宿再建」のために「御免」すなわち許可され、送られたものであった。

かくして、文化二年から三年にかけて海老屋は、ようやく再建にこぎつけた。文化二年春二月から四月段階では、まだ「宿屋目貫屋」すなわち目貫屋藤右衛門などを借り受け、献上物持ち越しの参府休年出府通詞を泊めており、同三年二月六日参府のヘンドリック・ヅーフ Hendrik Doeff 一行を再建成った新築阿蘭陀宿海老屋に泊めているから、少なくとも、文化二年四月から翌三年二月までの間に再建したことは動かない。

海老屋のオランダ語会話書

京の阿蘭陀《オランダ》宿《やど》海老屋《えびや》の主人が珍しいオランダ語の会話書を所持していた。

オランダ語会話書

縦一三・八センチ、横四〇・一センチ、全一〇丁のうち九丁に認められた横長帳である。第一丁目の表に表題と所持人の記載がオランダ語で認められている。

Verscheijde Spreek Wijzen.

Dit behoord aan　　　Moerakami

その意味は、

色々な話し方　　　　　　　　村上所持

ということである。一丁目裏に凡例とも思える注意書がみえる。本文は第二丁目表から始

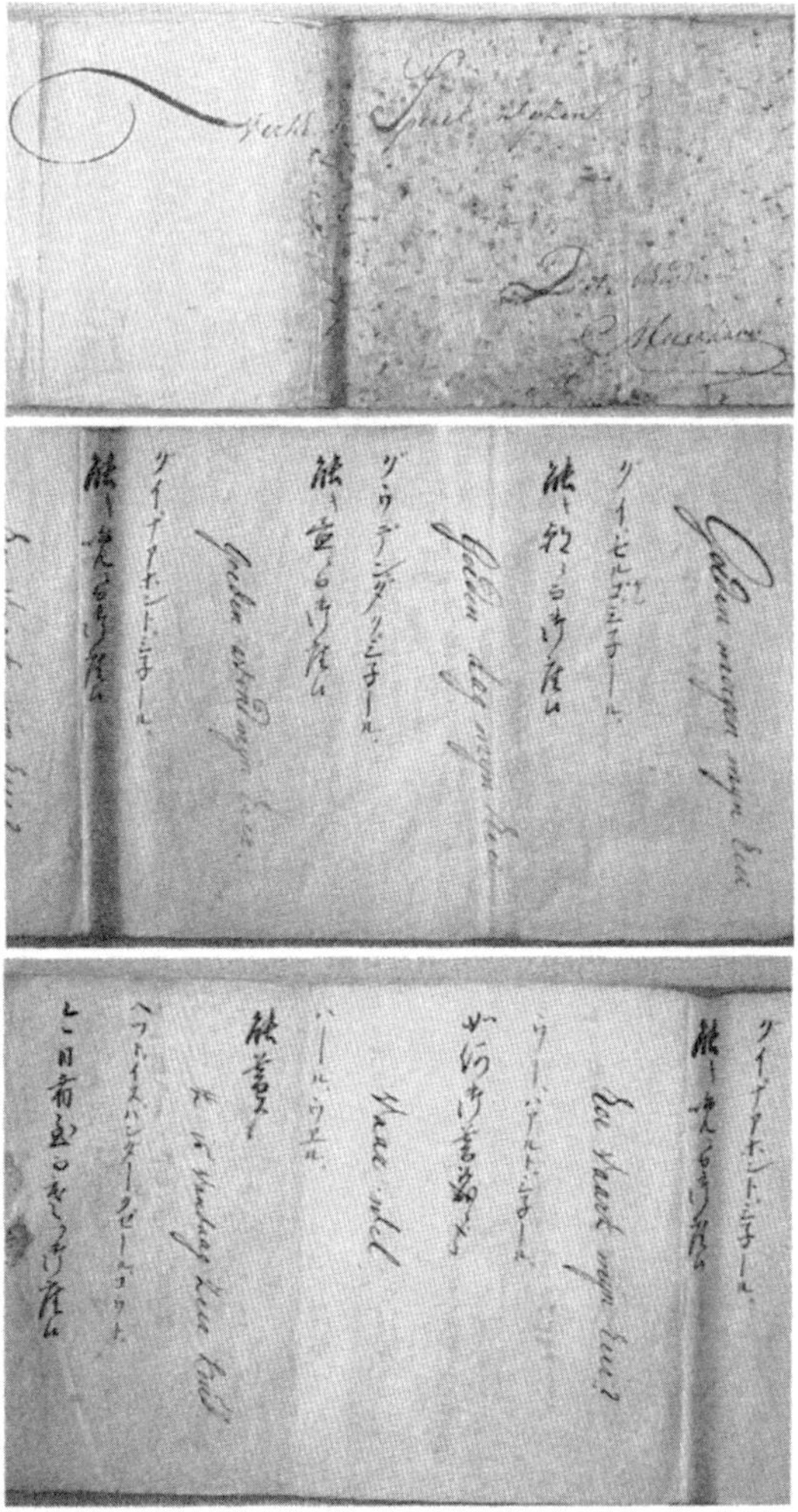

図16　オランダ語会話書（神戸市立博物館蔵）

まり、第九丁目裏まで、全部で八〇の会話例を収めている。

それぞれの会話文は、まずオランダ語文が示され、次いでその読みを片仮名表記で示し、その後、日本語訳が添えられている。このうち、特に読みの片仮名表記に当たっては、オランダ語の一語一語の区切りを判然とさせるため、各語の間に朱点「・」が施されている。たとえば、

Hoe vaart mijn heer?
ウー・ハアルト・ミ子《ネ》ール・
如何《いかが》御《お》暮《くらし》被成候哉《なられそうろうや》

といった具合である。

阿蘭陀宿の主人がオランダ語会話の写本を所持していたなどとは、ほかに聞いたことがない。阿蘭陀宿の主人として、「御用」を勤めるうえで、あるいは、個人的な積極的意識から準備していたものかと、推測してみたくなる。

全文の紹介は紙幅が許さない。拙著「研究篇」に譲りたい。

会話例の内容と注目点
全八〇例から成るこの会話書の内容の分野は、次のように多岐にわたったものである。
①出会ったときの挨拶言葉（1）〜（5）
②時候の挨拶（6）〜（9）
③客を迎えたときの挨拶（10）〜（12）
④茶菓・酒食接待の間に交わされる会話例（13）〜（24）
⑤茶菓・酒食接待の間、外国人との会話例（25）〜（28）
⑥贈答行為に関連した会話例（29）〜（31）
⑦辞去挨拶（32）〜（39）
⑧来客の安否を問う会話例（40）〜（42）
⑨海老屋の主人・家族の紹介をめぐる会話例（43）〜（54）
⑩来訪外人に対する質問と回答の例（55）〜（56）
⑪所持金・値段交渉をめぐる会話例（57）〜（61）
⑫芸妓等の斡旋をめぐる会話例（62）〜（68）
⑬種々の場面を想定した会話例（69）〜（80）

オランダ宿の主人が江戸参府途上滞泊したオランダ人一行を迎え、宿泊中から送り出すまでの間、当然交わされるであろう、至極通常の会話例が盛り込まれていることが判明する。

例文の記載内容から、第二代目村上文蔵の家業を引き継いで間もない若い頃、すなわち明和末年頃のものと推定できる。その頃の、京都の阿蘭陀宿海老屋をめぐって判明することも多い。主要な点を列挙すれば、

① この頃、海老屋の主人村上文蔵は妻女のほかに娘二人をもっていた。
② この頃の海老屋は二階屋であったことが判明する。
③ オランダ人一行を迎え、宿泊・滞在中の茶菓・酒食接待、歓談の様子、贈答・買い物斡旋など、阿蘭陀宿としての働き振りを察するに好材料を提供している。
④ 芸妓の斡旋をしているような点は、いかにも京の阿蘭陀宿といった特色を示していると思われる。と同時に他の都市、宿駅における阿蘭陀宿においてもこれに準じた例のありそうなことを窺わせる。

海老屋出入りの京の商人

定式出入商人

オランダ商館長、いわゆるカピタンの江戸参府旅行において、往路・復路ともに止宿、幾日かを過ごした主要都市の「阿蘭陀宿《オランダやど》」においては、交歓の機が重ねられて、人と物との交流がみられたようで、すこぶる注目に値する。しかし、その具体例というと、思いのほか少なく、すべて、ときの流れに押し流されてしまったかの観を深くさせられる。

京都の阿蘭陀宿海老屋の第四代目村上等一が認めた『御用書留日記』を読んでいると、「定式出入商人之覚」というものに眼を惹かれる。このような、阿蘭陀宿における「定式出入商人」などというものは、その名からして注目されてよさそうであるが、いままで知られていなかった。阿蘭陀宿を舞台にした人と物との交流を具体的にみることができるのではないかと、期待がかけられる。

日記の、天保十五年（一八四四）・嘉永三年（一八五〇）・安政五年（一八五八）の三度にわたって「定式出入商人」の一覧がみえている。

天保十五年の参府は、商館長ビク Pieter Albert Bik、随員テキストル Textor、江戸番大通詞は中山作三郎、同小通詞は植村作七郎で、植村作五郎が見習いとして従っていた。嘉永三年の参府は、商館長レビスゾーン Joseph Henrij Levijssohn で、随員には医師のモーニッケ O. G. J. Mohnike が従い、江戸番大通詞は小川慶右衛門、同小通詞としては岩瀬弥七郎と小川慶十郎の両名であった。安政五年は、商館長が領事官に改まっており、ドンケル・クルチウス Donker Curtius が東上し、江戸番通詞としては大通詞が楢林量一郎、同小通詞が稲部禎次郎であったが、大通詞の中山作三郎も随行したようである。

右の顔振れの、それぞれの一行が京の海老屋に往路・復路とも止宿したのであるが、「定式出入商人」の記事のみえるのは、どの場合も帰路滞在の間である。江戸の将軍家に対する主たる任務を果たして、帰路滞在の間に、カピタン一行が土産品等の調達に意を注いだ様子を看取することができる。

定式出入商人の比較表

天保十五年二月五日の条にみえる二六軒の出入商人、嘉永三年の二八軒、安政五年二月二十五日の条にみえる定式出入商人二三軒の業種・所在地・屋号名を一覧表にして比較してみよう。天保十五年度分を基本に、嘉永三年度分・安政五年度分にみえる定式出入商人名を順次合わせ、該当しない商人名をそれぞれの年度ごとに、順次追記してみたものが次頁の表である。

この一覧表を作成したことによって、計三六軒の定式出入商人を知ることができた。そのうち一五軒は三ヵ年度とも健在であることがわかる。天保年度のみにみえて、以降その名のみえないもの五軒、嘉永年度分からその名が登場するもの七軒で、うち二軒は嘉永年度分のみで、他の五軒は安政年度分へ続いている。安政年度分にのみ登場した店は三軒である。

当主の名も、6・8・10・18・26のように変化のみえるものもある。同一の名でも、老舗によくみられるように、代が替わっても先代の名を踏襲している場合も多いようである。

三六軒の業種をみると、1青貝師、2檜物師、3表具師、4乗物師、5鏡師、6鍋・釜師、7経師、8袋物、9小間物、10塗物、11金物類、12糸物類、13古手物、14荒物類、15焼物、16諸挽物《ひきもの》、17染物、18呉服、19人形、20綿帽子、21扇子《せんす》、22水引類、23琴、24三味

	職種	住所	天保十五年	嘉永三年	安政五年
1	青貝師	木屋町松原下ル	青貝屋武右衛門	同	
2	呉服	新町六角下ル	箔屋　長兵衛	同	同
3	人形袋物 小間もの	三条麩屋町西へ入	菊屋　長兵衛	同	同
4	塗物 金もの類	三条河原町西へ入	笹屋　勘助	同	同
5	糸もの類（わた帽子）	三条河原町東へ入（三条小橋西へ入）	菱屋　茂兵衛	同	同
6	呉服 古手もの	東洞院雪踏屋町角（烏丸魚棚上ル）	近江屋　惣助	近江屋　佐助	同
7	扇子 水引類	柳馬場三条下ル	福島屋　安兵衛	同	同
8	檜物師	御幸町姉小路上ル	井筒屋　長兵衛	井筒屋　武兵衛	同
9	琴三味線	東洞院四条上ル（蛸薬師高倉西へ入）	琴屋　伝兵衛	同	同
10	荒物類	三条河原町角	和泉屋　藤八	同	和泉屋　藤兵衛
11	焼物	建仁寺町四条下ル	三栖屋利左衛門		
12	同	五条建仁寺町東へ入	丹波屋　伝七		
13	茶道具	寺町三条下ル（寺町六角上ル）	乾　八郎兵衛	同	同
14	筆墨	寺町夷川下ル	松井　林左衛門		
15	万小間物	五条高倉西へ入	佐野屋　庄兵衛		
16	表具師	蛸薬師堺町西へ入	木村　治助	同	同

17	呉服	寺町夷川上ル	菱屋　善右衛門		
18	乗物師	河原町三条上ル	万屋　太七	万屋　左七	
19	下駄 こんかう	三条小橋東へ入	大津屋　利助	同	同
20	鏡師	富小路四条下ル	津田　利兵衛	同	
21	傘 挑灯	三条河原町西へ入	丸屋　弥兵衛	同	同
22	合羽	同	近江屋　安兵衛	同	
23	額 看板 諸挽もの	寺町御池下ル	上田屋　治兵衛	同	
24	鍋釜師	河原町三条上ル	釜屋　治兵衛	同	
25	紅 おしろい	祇園町	高嶋屋　喜兵衛	同	同
26	簞笥	新町下立売上ル	近江屋　弥兵衛	近江屋　治兵衛	近江屋　弥兵衛
27	刀脇指拵	富小路御池上ル		正阿弥　九兵衛	同
28	染もの呉服			山城屋　久七	
29	焼もの	五条清水坂		近江屋　久兵衛	同
30	万小間もの	松平石明通角		枡屋　伊助	柳屋　伊助
31	書林	三条寺町西へ入		丸屋　善兵衛	同
32	筆墨	寺町二条下ル		古梅園	同
33	茶			山下　藤左衛門	
34	乗物師	松原烏丸角			越前屋　伊兵衛
35	経師	寺町姉小路上ル			大和屋　勘兵衛
36	合羽師	柳馬場蛸薬師上角			袋屋　九兵衛

図17　青貝屋（『商人買物独案内』〔京都府立総合資料館蔵〕）

線、25茶道具、26茶、27筆墨、28下駄、29こんかう（金剛草履）、30傘、31挑灯《ちょうちん》、32合羽《かっぱ》類、33額、34看板、35紅、36おしろい、37箪笥《たんす》、38刀・脇指・拵《こしらえ》、39書林、というふうに、主として日用工芸品の類に属するものであることがわかる。

　場所としては、海老屋に近い、三条河原町・木屋町・寺町あたりに集中しており、祇園町や蛸薬師あたりまでというところである。

次に、これら三九種、三六軒の阿蘭陀宿海老屋に出入りした定式出入商人のうち、現在にまで続いている老舗はないものであろうか、探してみた。幸いにして数軒を確認することができた。これが契機となって、さらに判明することを期待したい。

青貝屋武右衛門

　天保と嘉永の両度、「木屋町松原下ル」に住む「青貝《あおがい》屋武右衛門」なる「青貝師」が冒頭に登場している。

鸚鵡《おうむ》貝・夜光貝・鮑《あわび》貝・蝶貝などの真珠光を放つ部分をとって薄片とし、いろいろな形に切って漆器とか、木地などの面に嵌入《かんにゅう》して装飾とした螺鈿《らでん》は紫緑色を帯びてとても美麗である。そのうちでも、一般に薄貝を用いたものを青貝といい、厚貝を用いたものを螺鈿と呼んでいるようである。

青貝屋武右衛門について、天保二年版の『商人買物独案内』には、

青貝
蒔絵
五条通寺町西へ入町
西　川　武兵衛
出店　西川武右衛門
長崎外浦町

とみえ、嘉永四年版の同書にも、

長崎うしろこふぜん丁
出店　西川武右衛門

青貝
蒔絵
木屋町松原下ル町

とみえる。これからみると、青貝屋武右衛門が姓を西川といい、京店のほかに、長崎に出店を持っていたことが判明する。武右衛門と武兵衛と入れ替わっているようであるが、

西　川　武兵衛

阿蘭陀人注文覚　青貝屋武右衛門
同　武　兵　衛

などとみえるから、武兵衛と武右衛門が一体となって家業に従事していた様子を察することができる。さらに、

出島売込高報告　文化三年　青貝屋武右衛門

とか、青貝屋武右衛門に宛てた、

青貝物注文銀高通知

および、

阿蘭陀人注文物出来下候覚　青貝屋武右衛門

とか、同人に宛てられた、

脇荷物売込銀不足法割通知　文化十一年
長崎勘定場

とか、

長崎為替証文　七十一通

長崎落札代出納金

文化十四年――文政十二年

京　青貝屋武兵衛

長崎青貝屋武右衛門

などという書類を「三井家記録文書」（三井文庫所蔵）のなかにみると、この青貝屋という京と長崎の両店が一体となって、長崎の出島貿易に参加し、オランダ船が持ち渡った脇荷商品を買い入れ、出島のオランダ人の注文を受けて、青貝物を売り込んでいたことが判明する。右の書類の表題からみただけでも、青貝屋は文化の初年頃よりさかんに長崎の貿易をめぐる商売に参加し、嘉永の末年にまで及んでいたことが察せられる。このような青貝屋であったればこそ、京の阿蘭陀宿海老屋の「定式出入商人」の筆頭にあげられていたことかと、首肯される。青貝屋武右衛門と同武兵衛の活動については、今後も目が離せない。

「定式出入商人」三六軒のうち、現代まで続いている老舗はないものかと探索してみた。京都の歴史や老舗のことなどについて詳しい方に教示を仰

乾八郎兵衛

図18　いぬ井（『都の魁』〔京都府立総合資料館蔵〕）

いでみた。京都の電話帳を首引きで探し込んでみた。京の歴史・土地勘のない筆者は、この間、急に幾度も京に出掛けて、海老屋のこと、定式出入商人のことなど探索し続けた。その結果、この種のことは、思いのほか知られていないこと、探索の手がかりの少ないことを知って、意外さに驚いた。

「定式出入商人覚」に「茶道具」を扱う商人として「乾八郎兵衛」は「寺町三条下ル」に住んでいたという。京都の電話帳のなかに「乾八郎兵衛」を見出すことができた。

平成元年（一九八九）四月二日、「京都市中京区寺町通六角上ル」に、「京都茶道具」を扱う「いぬ井老舗」を訪れ、「第十二世　乾八郎兵衛氏」に面談の好機を得た。品格を保つ、清浄な店内のたたずまいのうちにも、活気をただよわすその奥で、当主の八郎兵衛氏は、当家の「過去帳」を用意して待っていて下さった。一夜の貸与を許され、菩提寺の「四条仏光寺上、綾小路下ル」にある浄土宗透玄寺の墓所に関して話して下さった。

「天保十五辰年四月」に調製された「過去帳」によれば、「乾家先祖代々法名」として、初祖は、

初祖　　中絶家

桂中村家出

心誉浄光禅定門
宝暦四年四月
明和八年正月
初祖光誉寿清禅定尼
妻

と見えている。当家のおよその古さがわかろうというものである。透玄寺の墓地にある「乾家之墓」は「昭和五十七年八月吉祥日」に「十二世乾八郎兵衛建之」とあって、「昭和六十二年夏」もとの北向きに戻したものであるという。傍らに古い墓石が二基あり、一基には「先祖代々諸霊」とみえる右脇に「茶佐」の二文字がみえる。他の一基には八柱の法名がみえ、その向かって右側面には「寛政六年甲寅四月」の日付が刻され、左側面には「茶碗屋治兵衛」と明記されていた。まさに古くから「茶器」を扱ってきた老舗ということが偲ばれる。

ちなみに、天保二年の『商人買物独案内』には、

諸　けんきんかけ直なし　寺町三条下ル町
流　御茶道具所

図19　琴　屋（『商人買物独案内』〈京都府立総合資料館〉）

并花器香道具類　いぬ井八郎兵衛

とみえている。

同様にして、京都の電話帳に、

琴屋伝兵衛　琴・三弦　元禄年間創業

琴　伝　中京区新町通三条下ル

の広告入りで、「琴伝（琴三味線）」の老舗を見出すことができた。

『商人買物独案内』には、

御　四条高倉西へ入町

御琴師

用　三味線　畑　伝兵衛

と見えていた店である。四月三日に九代目当主畑伝一郎氏、襲名伝兵衛氏を訪れ、種々の談話をいただき、「書写置帳面之事」と題する、半紙一八丁（内墨付一六丁）の古い文書を見せていただくことができた。表紙には次の記事がみえる。

書写置帳面之事

一安政四年巳正月十七日、琴三味線渡世并ニ糸共仲ヶ間中、去辰年壱ヶ年分の売り出し高、取り調べの上、早々書き出すべき旨、東御役所様より御沙汰に付き、此の段達しに及び候事、右の通り申し参り候に付き、早速相談の上、使を以て一統へ廻文相い廻シ、壱軒ヅヽ、売高認メ、書印、尤印判取置キ、則ち帳面ニ売り高相い調べ書き写し是れ有り候事、但シ、御役所様へハ琴三味線仲ヶ間
惣〆高ニ而書付ケ差出シ候事
但し、手間賃も商ひ高の訳認む可し

年行事　政田屋　甚兵衛
惣　代　琴　屋　伝兵衛

本文は、「売出高扣《ひかえ》写取之事」として、筆頭に

一金百四拾両三歩
　銀三貫九百拾匁　　但シ内西国
　　　　　　　　　　銀五百匁
　　　　　　　　　　琴　屋　伝兵衛

以下、諸店の売り出し高が認められており、最後に
右之通りに御座候

安政四年巳正月

年行事　政田屋　甚兵衛　判
惣　代　琴　屋　伝兵衛　判

とみえる。右によって、かつて、琴屋伝兵衛が同業者仲ヶ間において惣代を勤めた由緒ある老舗であったことが判明する。

現在の「琴伝」には、おびただしい楽譜が収納されており、琴の数々がたてかけられていて、連日、各所で催される演奏会に琴を調達、付添うなど多忙をきわめておられる様子であった。帰りがけに玄関内を見返したら、「琴伝」の木製横額がひときわ眼に鮮やかに映った。同店が、かつて、時々「西国筋」への売りたてにも力を入れていたというから、海老屋の定式出入商人であったことも十分首肯できようというものである。

古梅園　嘉永三年からの「定式出入商人」にその名が登場する「古梅園」は「筆墨」を扱う店として「寺町二条下ル」とみえる。

この老舗の紅花墨等は、筆者も子供の頃から愛用してきたから電話帳を引くまでもない。ただし、店の歴史を調べる必要になろうとは夢にも思っていなかった。

四月四日、「中京区寺町二条上る」にある「京都古梅園」に支配人の堀山弘氏を訪問して、奈良市椿井町七番地にある奈良本店の古梅園のこと、京都店のこと、経営組織や古梅園歴代主人のことなどについて話をうかがうことができた。古梅園の創業は天正五年（一五七七）に始まり、奈良の当主は十四世松井元祥氏であるという。この老舗にして歴史を示す古記録は皆無の由で、意外に思った。しかし、天明年間製作と伝える「鎧墨（甲冑墨）」をはじめ、各種、歴代の創意・精製にかかる銘墨の数々を見せてもらうことができた。

なお、天保二年版『商人買物独案内』には、

御筆所　寺町二条下ル町
　　　辻井新蔵製

とあるのは、住所から該当する店かとも思われるが、「御筆所」とのみあって「墨」が欠けている点や、「松井」姓かと思われるところが、「辻井」姓になっているところなど、後考を俟《ま》ちたい。

これとは反対に、天保十五年度の「定式出入商人」のなかに、「松井林左衛門」なる者が「寺町夷川下ル」で「筆墨」を扱っていたというが、「松井」姓であり、「寺町」であり、「筆墨」とあって「古梅園」に該当するものか、とも考えられる。この時期に「松井林右

衛門」なる人物が京都店にいたかどうか、同店の本店・支店間の記録中に見出せないものであろうか。住所についても同様である。もしこれが確定されるとすれば、「古梅園」は終始「海老屋」の「定式出入商人」であったといえるわけである。後考を俟ちたい。

その他

天保二年版の『商人買物独案内』に載っている、その他の「定式出入商人」を挙げておきたい。

富小路四条下ルの鏡師津田利兵衛、祇園町の紅おしろい高嶋屋喜兵衛、三条河原町東へ入の糸もの類を扱う菱屋茂兵衛などがみえている。思いのほか拾える店は少ないことがわかる。

追求による判明点

京の阿蘭陀宿海老屋の「定式出入商人」三六軒

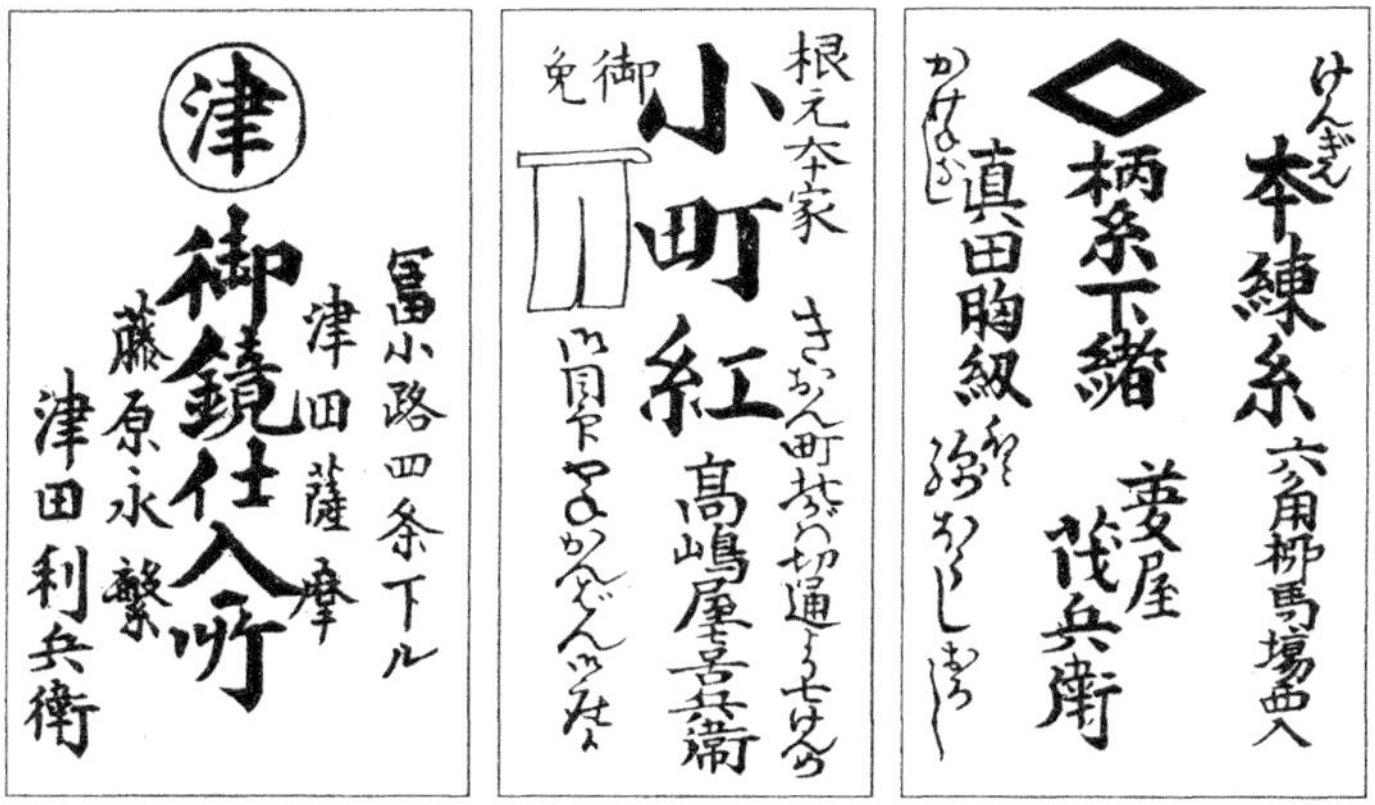

図20　菱屋・高嶋屋・津田（『商人買物独案内』〔京都府立総合資料館蔵〕）

を、具体例も含めて、追ってみた。その結果判明した点を列挙しておきたい。

(1)　職種は三十数種に及んでいるが、それらは主として、日用品・工芸品を取り扱う店に限られており、それも生物《なまもの》は含まれておらず、年月を経ても、さほど変質をきたさない品、それも小物が多いところからすると、多くはオランダ人が土産品として買い入れた品々と察せられる。

(2)　場所は、三条河原町・木屋町・寺町あたりに集中しており、祇園町や蛸薬師あたりまでということからして、海老屋に近い範囲で選定されていた商人たちであったことが判明する。

(3)　三六軒のうち、現在にまで続く老舗を見出すことは思いのほかむつかしく、たまさか見出せても、それらの店の来歴はいまや、にわかに知り得ない状態となっている。維新の激動をくぐり、都市の発展・整備にともなう道路の拡幅計画に押されて、代替地等へ移動したこと、あるいはまた、屋号をもって表記されていた習慣を廃して、姓名をもって表記するように変更したり、廃業・転業したもの、はては没落したものなどもあって、まさに歴史の波に押し流されたといった感を深くする。

(4)　京都『商人買物独案内』などにその名のみえる老舗は、思いのほか少ないことに気付く。そういえば、「海老屋」そのものも「宿　寄宿」の項にみえなかった。となると、数軒の例外はあるにせよ、海老屋をはじめ、その「定式出入商人」の多くは、当時の京にあって、さほど名の通った大きな店というのではなかったのではあるまいか、と察せられる。

(5)　しかしながら、青貝屋武右衛門・武兵衛店の例のように、海老屋を通じ、あるいは直接、長崎の日蘭貿易に関係を持っていた出入り商人も存在したことが判明したわけで、これはすこぶる注目に値する。

(6)　海老屋の日記の記載の限りでは、これらの商人からオランダ人が買い付けた品・数量を具体的に知ることはできない。商家の方の調査からも直接・具体的な史料はまだ見つかっていない。これまで知られていなかったことだけに、今後、関心の寄せられることを期待したい。

海外の京の日用品・工芸品

さて、以上のことを踏まえたうえで、付言しておきたいことは、これらオランダ人に買い取られた京の日用品・工芸品が、その後いかなる運命をたどったか、ということである。

そこで想起されることは、たとえば、オランダのライデン市にある国立民族学博物館やオーストリアのオーストリア国立工芸美術館、ウィーン国立民族学博物館、ドイツのミュンヘン国立民族学博物館、ブランデンシュタイン・ツェッペリン家などに所蔵されている、おびただしい数のシーボルト・コレクションである。ライデン国立民族学博物館にはブロムホフやフィッセルのコレクションもある。それら精力的に蒐集された書籍・文物などのなかには、京の阿蘭陀宿海老屋を経由、その「定式出入商人」から買い受けられた品々が多く混入していると察せられる。ただ、この種の文物それ自体については、購入時・購入場所・購入先などの記録がほとんど付いていないことを通例としているため、いずれも断定的確認を欠いているだけのことである。

さすれば、他の主要な阿蘭陀宿についても同様のことが予想されるのではあるまいか。今後は、これらのことに関心がもたれ、留意されて、外地の博物館等で調査に当って欲しいという期待の念、切なるものがある。

海老屋の相続と家業

相続手続きの煩雑さ

『阿蘭陀宿《オランダやど》相続方手続之ひかえ』によれば、宝暦九年（一七五九）、村上文蔵が「初代」として「広野与右衛門」の「跡役」の相続を願い出て許可になっている。

広野与右衛門と初代村上文蔵

その文書で注目したいのは、初代村上文蔵を海老屋《えびや》与右衛門の倅《せがれ》としながらも、与右衛門死去、「子これ無きニ付……」と断っている点である。

ここにみえる海老屋与右衛門について、天明八年（一七八八）正月三十日の京都大火で、それ以前の記録が焼失してしまい、海老屋の古いことは詳らかにし得ないとしている。しかし、与右衛門の姓が「広野」で、海老屋といい、「阿蘭陀宿」を勤めていたと記載する点は、『京都御役所向大概覚書』が記す享保二年（一七一七）頃の記録「阿蘭陀罷り登り候事」の項で、「京都定宿川原町通三条下ル町海老屋与右衛門方」と伝える点と矛盾しない。のち、明治六年（一八七三）六月諸府県に「医務取調」が布達され、それに応じて八月に提出された書類には、「京都荷蘭館」は売薬等を営んでいて、その開業を「宝暦七丁丑年正月開店、初代文蔵より当代迄五代連続仕り候」としている。『御用書留日記』文化十年の条に「前に阿蘭陀宿海老屋与右衛門儀は、寛延元辰年長崎にて病死、跡抱え村上文蔵河原町三条下ル町住居」とみえる。これを考え合わせると、阿蘭陀宿海老屋広野与右衛門は寛延元年（一七四八）長崎出張中に病死、与右衛門に子がないため、宝暦七年（一七五七）正月、輸入薬の販売を開業していた村上文蔵が与右衛門の倅として、広野与右衛門の「跡役」を相続したものと見受けられる。これが京の阿蘭陀宿海老屋としての村上家の初代となったものと考えられる。

なお、与右衛門の手代は大坂銅会所に明和二年（一七六五）十月まで「罷り出」て勤めるところがあったようであるが、この年「御差し留め」となった。

二代目村上文蔵　京都阿蘭陀宿の二代目は初代文蔵の倅で、村上弁蔵といったが、文蔵を襲名した。

明和七年（一七七〇）に、相続の願いが出され、京都町奉行所から相続の許しがあって、受用銀等は長崎表へ届けがなされ、父文蔵と同様許可された。同年閏六月二十八日に認められたものである。

特に注目したいのは、「元来宿御申し付けの儀は、御当地に於いて仰せ付けられ、受用銀等は、長崎表に於いて下し置かれ候御儀」と明記されていることである。相続手続きは京都町奉行所において、受用銀等は長崎奉行所において認められたものであることが判明する。

その受用銀等の内容については、「紅毛宿礼賄料受用銀共」というもので、その額は「四貫八百拾匁」であった。勤務については、「阿蘭陀人滞留の砌《みぎり》、万端差し支えこれ無く、作法宜しく、念を入れ相い勤むべく候」というものであった。

長崎表において下される「受用銀等」とはどのような内容であろうか。特に「等」と記されている内容を確認できないものであろうか。幸いにも長崎奉行が諸事を向々に申し渡した項目の一覧である『申渡留目録』の明和六年九月から明和七年八月の間の記録に、「倅村上文蔵」の「父跡目」の「相続」が許され、「紅毛宿礼賄料受用銀とも父の時の如く取らせ、且つ龍脳取次所も父の時の如く相い勤むべき旨」が伝えられている。

長崎奉行が認め、実際には長崎会所から京の阿蘭陀宿海老屋村上氏に支出された「受用銀等」は「紅毛宿礼」「賄料」「受用銀」の三口であったことが判明する。これは、「紅毛宿礼賄料受用銀共」と記す点と一致していることが確認されたわけである。かつ、長崎奉行所においても京都町奉行所と同様「龍脳取次所」の勤務も父の代と同様勤めるようにと申し渡していて、矛盾していない。

なお、海老屋としては、初代より拝借銀があったとみえて、「先年貸し渡し銀、返納残りの分、弁蔵引き請け返納致すべき儀に候」と、返納引継ぎを命ぜられている。「京都龍脳取次所」へも「父の時の如く」「諸事入念相い勤むべく候」と勤めを命じられている。

以上によって、京都の阿蘭陀宿海老屋村上文蔵は二代目の時点で、阿蘭陀宿と京都龍脳取次所の勤めに、売薬業も行っていたことが理解できる。

以下、三代目村上専八、四代目村上等一、五代目村上於菟二（次）郎（乙次郎）和光と続くが、いずれも京都町奉行所と長崎奉行所に対して煩雑な相続手続きがなされた。

相続をめぐって判明した諸点

以上、従来、ほとんど知られることのなかった阿蘭陀宿の相続をめぐって、判明した諸点のうち主要な点を列挙してみれば、およそ次の通りである。

(1)　京都の阿蘭陀宿としての村上氏は、初代村上文蔵（宝暦九年〔一七五九〕～明和七年〔一七七〇〕）、二代目村上文蔵（前名弁蔵、明和七年〔一七七〇〕～寛政五年〔一七九三〕）、三代目村上専八（寛政五年〔一七九三〕～文政九年〔一八二六〕）、四代目村上等一（文政九年〔一八二六〕～?。ただし安政六年〔一八五九〕七月現在、阿蘭陀宿営業）、五代目村上乙次郎（前名壮二郎、後名於菟二郎、おそらく幕末年間～明治初年?）と数えている。

(2)　京都の阿蘭陀宿を営んだ村上氏の以前は、海老屋与右衛門と称し、姓は広野であった。広野与右衛門がいつ頃から京都の阿蘭陀宿を営業していたかは未詳である。

(3)　海老屋は京都の阿蘭陀宿を営むかたわら、宝暦七年（一七五七）正月以来、輸入薬を含む売薬業を営み、明治九年（一八七六）一月廃業した。

(4)　第五代目村上氏を乙次郎とするか、村上ふさとするか、いささか迷うところがある。すなわち、四代目村上等一は文政十三年（一八三〇）のはやくより壮二郎を「見習」とし、役所へも届け、それは名が乙次郎となった弘化五年（一八四八）の頃まで続いていた。しかし、明治に入って、海老屋が売薬業に関する諸届けを行った際には村上ふさ名義で書類が提出されている。それは村上於菟《（次）》二郎が明治初年来京都府に出仕しているからである。種々の場合が考えられるが、未詳である。売薬業の他に、大坂の銅会所や京都の龍脳取次所にも関係をもち、手代などを派遣していたことがあったが詳細は今後の調査をまたなければならない。

(5)　京都の阿蘭陀宿海老屋村上氏は京都町奉行の支配を受けていたから、その相続は京都町奉行から認めてもらわなければならなかった。しかし、阿蘭陀定宿としての宿礼・賄料・受用銀四貫八百拾匁は長崎奉行所から受けていたので、長崎奉行へも継目願いの願書を提出せねばならなかった。その順序は京都・長崎の順であることも判明した。

(6)　長崎奉行への相続手続きが進められる過程で、長崎の町年寄と阿蘭陀通詞が介在する点の大きかったことが判明した。ことに通詞仲間の発言の強かったことが察せられる。海老屋村上氏は長崎に代勤の者を置いて、奉行所をはじめ町年寄・阿蘭陀通詞等「其の筋々」へ願い出もし、勤めを果たしていたことがわかる。

(7)　阿蘭陀定宿と長崎との関係は注目に値し、興味をひく点が多いが、小倉・京・大坂の阿蘭陀宿は、ほぼ同格の扱われ方がされていたことが海老屋の史料から読みとれる。

献上・進物残品の販売

献上・進物残品の販売

オランダ商館の貿易は出島で行われたわけで、江戸参府の在府中におけるオランダ人の商品販売は許されていなかった。しかし、オランダ人は将軍・幕府高官への献上・進物品を多数持参し、その残品を販売して参府諸経費の一部に充当した。

このことは、日蘭双方の史料から確認することができる。具体例として、オランダ商館長が江戸参府を行った寛政六年・享和二年・嘉永三年度の例をあげ、また参府休年の年に当たっていた寛政八年・同十一年・文政二年度においてさえも販売が行われていた例をあげて検討したことがある（拙稿「蘭人による献上・進物残品の販売と阿蘭陀通詞」〔『青山史学』第八号〉)。

参府年の販売高は献上・進物高の約四分の一にのぼったこと、参府休年においてもほぼ同比率で販売が行われていたことを知った。このことから、参府年・参府休年を通じて、残品の販売が認められていたこと、というよりは幕府高官によって販売が確保されていたことを知った。

日蘭双方の帳簿上でも計上され、位置付けられていたから、残品販売は制度化・定着化していたことが判明したわけである。

残品の販売先は、幕府高官と、拠点となった阿蘭陀宿すなわち江戸・京・大坂・小倉の宿であった。

特に阿蘭陀宿に販売した残品すなわち反物については、「御買せ反物」と表現されていた。

京の阿蘭陀宿海老屋の記録『御用書留日記』を検すると、この「御買せ反物」「為買反物」「為替反物」に関する記事が寛政七年（一七九五）以降見受けられる。記事の見える年度は、

寛政七・八・九・十・十一・十二年、享和元・三年、文化元・二・三・四・十二年、文

政二・三・四・五・六・七・八・九・十・十一・十二・十三年、天保三・五・六・八・九・十・十一・十二・十四・十五年、弘化二・三・四年、嘉永元・二・三・四・五・六年、安政元・二・三・四・五年である。参府年も、参府休年においても、連年、海老屋が買い受けていることが判明する。

ことに、海老屋の記録には、品目、数量、買い取り値段、売り払い値段などが具体的・詳細に記載されていて注目に値する。

右の全年度の記載については『阿蘭陀宿海老屋の研究II　史料篇』に譲るが、初見の一例のみをみてみよう。

先に示したように、『御用書留日記』中の初見は寛政七年で、その記事は次の通りである。

寛政七年初見例

一為替反物元代五百拾匁壱厘

猩々緋　弐間　代六両三分弐朱

花色大　三間　代拾弐両弐分

茶　色　六間五分　代四両三分

右札入高金弐拾五両　　六拾目七分也
弐番皿紗壱反　　代四拾五匁
是者為川氏へ外方より拠《よんどころ》無《な》く頼まれに付き下ス
〆金廿五両四拾五匁也
一花色　四間　茶三間　右払廿八両壱分ニ相い成候　　為川分

右の記事にみえる「花色」は「花色大羅紗《ラシャ》」、「茶色」は「茶色大羅紗」である。「為川分」「為川氏」とみえるのは、大坂の阿蘭陀宿長崎屋為川辰吉のことである。海老屋は五百拾匁壱厘で仕入れ、二十五両四拾五匁で売っている。「札入」といっているから、希望者に「入札」させて売り払ったことがわかる。

献上・進物残品を幕府高官と江戸・京・大坂・小倉の阿蘭陀宿が買い受けて三倍強で売り払っている例が多い。ずいぶん、率のよい商売になっていたということである。

京と大坂の阿蘭陀宿はよく連繋を保って事に当たっている。京・大坂の宿は江戸に売捌《うりさば》きを頼んでいる。西陣を控えた京と大坂が売捌きを江戸に求めたためであろうことは容易に察せられる。売上げ代金は江戸の長崎屋から大坂の長崎屋為川へ為替手形で送られて決済されたものであることも判明した。

オランダ人が江戸で諸費用を借りて、大坂や長崎で返済したり、清算していることも理解できようというものである。

龍脳取次所と売薬

届出

海老屋の相続でも述べたように、初代の村上文蔵は宝暦七年（一七五七）輸入薬の販売を開業、同九年京の阿蘭陀宿を継いだというが、どのような輸入薬を販売していたものか。阿蘭陀宿と売薬業との届けはどのようにされていたものであろうか。

第二代目村上文蔵は長崎奉行所の『申渡留目録』によって、初代村上文蔵と同様阿蘭陀宿とともに「龍脳取次所」という家業を営んでいたことが判明する。龍脳はまさしくオランダ船によって舶載される輸入薬品であった。やや時代はくだるが、たとえば、文政八年の将軍注文七品のうちの一品として「一龍脳　五拾斤」などと見えているくらいである

(『開かれた鎖国』講談社現代新書、九六頁参照)。

これによって窺い知ることができることは、初代文蔵が輸入薬品を取り扱う京の商人で、ことによったら長崎にも支店を持つか、あるいは一族が店を持つ輸入商人であって、その実績が買われて、広野与右衛門病没後、その阿蘭陀宿をも倅という名目で引き継いだもの、とも察せられる。

「龍脳」というのも、輸入薬品類の代表名として使用されていたわけで、手広くその他の輸入薬品をも扱っていたものであろう。この家業による支えがあったからこそ、阿蘭陀宿としての苦しい経営の時期をも切り抜け得たものと察せられる。江戸の長崎屋が一方では輸入人参を扱う人参座であったことが想起される。

家業の届けは京都の町奉行に届け、次いで長崎奉行に届けて、認められ、経営に従事していたものと判明する。

売　薬　その取り扱った売薬については、宗田一氏が家蔵本と杏雨書屋の蔵本『京都府製薬御届文書』(旧杏四九八三)とによって紹介されている(「京都おらんだ宿の売薬」〔『医薬ジャーナル』一九巻六号〕)。それによれば、

○おらんだ伝方風薬

○おらんだテリヤーカ
○荷蘭伝方ピルガジイ
○おらんだホルト油薬
○ボウトル
○カンウンテン
○指薬
○干牛丸

の八品を数えあげることができる。いずれもその成分にはオランダ船の船載してくる輸入薬品が含まれている。

文政八年（一八二五）の例であるが、この年、長崎の出島に在った一四の蔵のうち一〇の蔵に在庫していた輸入薬として、万能薬の「テリヤカ」が注目される（『開かれた鎖国』一〇二頁）。蘭方医が長年にわたってさかんに求め続けた輸入薬であった。そのテリヤカについては村上文蔵は次のように能書を書きたてている。

一痰《たん》せきによし
一食滞によし

一疱瘡《ほうそう》によし、初発よりうみでるまで用ふべし、まぶた、はな、人中（はなのした）にぬれば其処へ多くいでず

一痢《り》病によし、急づきをとどめ、いたみをやはらぐ、すべてはらのいたみによし、積気《しやくき》のさしこみによし

一風邪にハさゆにときて用ふべし

一毒虫のさしたるにぬりてよし

京都おらんたやど印

その漢方の内容については、

テリヤーカ練薬

主治　発汗　催睡　止痛　胸膈　欝　怔忡《せいちゆう》　諸熱　凶悪證　其他諸病用之多有効

本方

良姜《りようきよう》八銭　白芷《びやくし》四銭　龍胆《りゆうたん》八銭　煉没薬《ねりもつやく》八銭　硫黄華《いおうげ》八銭　蝮蛇末《ふくだまつ》二十四銭　赤石《しやくせき》脂《し》十六銭　泊夫藍《サフラン》七銭　肉桂《につけい》八銭　丁子《ちようじ》三銭　阿片《アヘン》七銭　仏手柑汁《ぶつしゆかんじる》七銭　杜松子《としようし》酒適宜　或赤葡萄酒　砂糖蜜三百二十四銭　蜂蜜三百二十四銭

右薬品十三味

総掛目七百五十六銭
　此価掛目壱分ニ付
　　　　　　　　　　　　　　　　　　　　　　　　　銭四拾八文之割

右は従来私家にて製法、尚、舶来之同品と煉合せ、世に売り弘め来り候得共、元価次第に騰貴仕り候に付き、祖父等一儀略法発明仕り、当時略方の分精煉売弘メ申し候

略方

益智十六銭　肉桂十六銭　干姜十六銭　纈草二十四銭　阿片三銭　赤葡萄酒九銭或杜松子酒　砂糖蜜百六十銭　蜂蜜百六拾銭

右薬味六品
総掛目四百四銭
　一貼ニ付掛目六分
　此価百四十八文

用法

白湯送り下ス

（付箋）何卒、恐れ多く存じ奉り候得共、本方・略方とも売り弘メ申し度く、
此の段願い上げ奉り候、以上

とあって、「本方」に「略方」の両方の売り弘め方を出願している。
「荷蘭伝方ピルガジイ」の能書の後には、

京都荷蘭館製㊞

と記し、「おらんだホルト油薬」の能書の後には、

京川原町通三条下ル町
おらんだ宿　村　上

とも記している。

海老屋の龍脳取次所としての規模や売り弘められた売薬の製産量や売上高等については、なお史料の出現を待たなければならない。

阿蘭陀宿の宿泊・滞在人

オランダ人

阿蘭陀宿《オランダやど》と呼ばれる宿であるだけに、江戸参府一行の止宿に際し、主客はオランダ人であったわけである。カピタンすなわちオランダ商館長と、随員の書記と商館付医師の、計三人が通常のオランダ人一行の構成であった。

宿泊の制度的常態

「往古」からの例として、海老屋の主人が伝えるオランダ人一行の江戸参上往路・帰路京滞在については、およそ次のようなものであった。

〈往路〉京都所司代から東海道の「道中人馬并船川渡御証文」の下付を受け、「受取」を提出、所司代と両町奉行に「進物」を呈し「御礼」を申し上げるのが例であった。

〈帰路〉「御証文」を返上、「受取」を返却してもらい、「被下物《くだされもの》」を頂戴のうえ、「暇《いとま》乞《ごい》」の挨拶を済ませ、帰路につく。その際、名所見物を行って下坂する、というものであった。

ところが、「近例」は、江戸への「参上掛《さんじょうがけ》」すなわち「往路京滞在」の際に「差上物《さしあげもの》（＝進物）」を「内納」しておいて、「帰路京滞在」の節に「御礼」を行うようになっている。

このように変更になったのは、菅沼下野守が京都町奉行のときであるといっている。とすれば、菅沼定喜の京都町奉行在職期間が寛政元年九月から同九年十月の間であるから、この間に、往路「道中差急キ」の理由で変更になったものと考えられる。「日記」で確かめてみると、半減商売令が出て参府が五年め、すなわち四年に一度と変更になってから最初に当たる寛政六年、カピタン・ヘンミー参府次に、「近例」として「御三ヶ所様（＝所司代・両町奉行）」へ「差上物」を「御内々」に「副目録」をもって、海老屋専八より「相い納め置き候」といっている。したがって、寛政の初め頃より変更をみたと判断できるようである。

「滞在日数」については、本来「中一日か中二日」であったという。到着日・出立日も入れて、三、四日ということになるが、「蘭人滞留の儀」は、「常例五日間」といわれている。

帰路滞留の間に、「定式出入商人」から土産を買い求め、みだりに市中へ買い物に出るということは禁じられ、名所見物の際も、奉行所から警備役人として京の町役人である「仲座」の出張を得て巡るというものであった。

食物に難くせ、異国人嫌われる

寛政十年（一七九八）のオランダ商館は散々であった。江戸参府の帰路、カピタンのヘンミーは掛川駅で病没、天然寺に葬られた。

留守の出島で火災発生、オランダ商館の主要な建物は全て焼失してしまった。バタビアへの帰帆船エライザ号が、港口で風待ちの間、突風に続く嵐で座礁、沈船となってしまった（『開かれた鎖国』一八頁、第四章、参照）。

カピタンのヘンミーたち、往路から調子がよくなかったようだ。天明の大火で焼失のままの京の宿海老屋村上専八はこの年も奔走に明け暮れ、町奉行のお声掛かりに援けられて、ようやく檀王法林寺を借り請け、料理は門前の利之太に頼み込んで安堵したのも束の間、ヘンミーたちは「料理場」の無いような宿に泊まることにすっかり嫌気がさしたらしく、帰路、京へ入る前から故障を申し立てる始末であった。カピタンを失い、傷心の随員ラス、よほど心の安定を欠いていたものであろうか。

これを受けて、海老屋としては御役所とも協議を重ねるが、なんともいたしかたがない。帰路滞留におよび、「紅毛人食物差支《さしつかえ》」というものだから、海老屋はまたまた御役所へ走る。だが、御役所はお取り上げにならない。そこでオランダ人は、とうとう「今朝より今九ツ半時（＝午後一時）」まで、そのままという状態、これではまったくハンガーストライキといった体ではないか。

海老屋は大弱りである。町奉行から、京都大変で間に合う場所も残らず焼失、「其の方（＝海老屋）」の居宅も同様のことで、借宅に手まどり、不都合のことは勿論であるが、「異国人」は「誠に慎みなき事」である、と慰められる一幕さえもあるといった具合であった。

それでも、次回の「帰路」には祇園八軒清井町の津国屋勘兵衛方を借り受けることにしようか、という案の出る始末……。

ヅーフ抜け出て茶屋遊び

文化十一年（一八一四）参府のオランダ人一行はカピタンがヘンドリク・ヅーフ Hendrik Doeff、簿記役ディルク・ホゼマン Dirk Gozeman、上外科医ヤン・フレデリク・フェイルケ Jan Frederik Feilke の三人連れで、文化三年と七年に続いて三人とも三回目の東上であった。検使は花井常蔵、江戸番通詞は大通詞が石橋助次右衛門、小通詞が末永甚左衛門、それに見習いとして石橋助十郎が付いてきていた。

『御用書留日記』のほうには表向きの、基本的な、一通りの要件が箇条書きに列挙してあるだけである。しかし、のち、シーボルト事件後に、江戸表から「道中御調べ御用」の特命を受けた吉川幸七郎と今井太郎九郎という二名の御役人が大坂の銅座に出張した際に、銅座詰御普請役の小川吉太郎と露木兵助の役宅へ大坂の阿蘭陀宿為川半十郎とともに海老屋が伺った際、「蘭人共参府の節、京都滞在中、是までの振合」を「御内密」に尋ねられた。そのとき、京の阿蘭陀宿海老屋村上等一が「書付」をもって文政十三年二月に報告した内容はすこぶる注目に値する。

関東から京に着いたのが三月二十七日。四月朔日大坂へ向け出立した。その前夜のことである。

カピタンははなはだ「労欝」した様子で、「芸者共」を「招き寄せ」て、「酒宴」を催したいという。そこで海老屋は検使にお伺いをたてた。すると、「苦しからず」「その意に任す」との返事である。

海老屋がこの返事に接し、「止むを得ざる事」といっているところをみると、はなはだ期待に反する返事であったものと考えられる。検使が許可しないでくれることを期待していたものであろう。それが、こともあろうに「その意に任すべし」とは、はなはだ迷惑に思ったらしいニュアンスがみてとれる。

で、祇園下河原の舞子の「小銭」と「小糸」という両人を招き寄せ、「夜半過」ぎまで「酒宴」が催された。

酒宴が「相果ての後」、右の舞子は検使が「別宿」で泊まっている三条の中嶋十文字や平兵衛方へ行った、と（そのあと、どうしたかは記されていない）。

翌日は出立である。出立の日は名所をまわって見物、そのあと伏見へ向かうのが例である。

そこで、恒例にしたがって祇園の二軒茶屋へ罷《まか》り越す予定のところ、カピタン（ヅーフ）が「二日酔」いたしているので、二軒茶屋へ行くのを「断」りたいという。しかし、二軒茶屋では「手当」もすでにしてあるので、「脇蘭人ニても遣し」てくれないか、という「頼」みである。

右のような「致し方」をカピタンへ聞かせたところ「承知いたし」「例の通」り二軒茶

屋へ出向いた。しかし、二軒茶屋に着いても、「脇蘭人」だけが「座席」に上って、カピタンは「駕《かご》」より下りない。

たしかに、前夜、「日本酒」を飲んだことは飲んだが、「格別の過酒」でもないと思われるのにどうしたことであろうか。と、不審に思っていたところ、しばらくして聞いたところによれば、「蘭人」「右同夜深更」に及んで、「頭巾」で「顔を隠し」、川端四条上ルところの「茶屋亀や千右衛門方」へ罷り越し、「芸者・遊女」を招いたということである。

右のことは招かれた芸者のうちから、その様子が「洩」らされたもので、それを「聞き伝」えたのであると。

その後、亀屋千右衛門方の「女共」にも「内々承り合」わせたところ、舞子の「小銭」と「小糸」の両人も来ていて、蘭人と「戯れ」ていた「様子」を「洩」らしたが、その余のことは「押包ミ」かくしていて、「席中の者」は「一々委敷《くわし》」いことは知っていない、という。

二月、「参上掛（＝往路）」に、祇園町の「鬘屋源八方」で「日本の男かづら」を「あつらひ」て「買い取」っていたのも、「右の節」に「用ひ」たのかと思い当たる、というのである。

図21　祇園二軒茶屋　カピタンの豆腐切り見物
（『拾遺都名所図会』〔京都府立総合資料館蔵〕）

阿蘭陀が細工に
いかぬ
我国の
祇園豆腐の
やわらかな
音

こうしたことからすれば、一次会はほどほどであったらしいが、忍んで抜け出た先での二次会で、示し合わせ、呼び寄せておいた舞子の「小銭」と「小糸」の両人と、すっかり「呑」み過ぎ、「戯」れ過ぎたものと見受けられる。二次会の亀屋に行くまえに、「小銭」と「小糸」の二人、検使の泊まっている「別宿」三条の十文字屋をまわっている。さすれば、手引き、段取りの、およその仕組みは察しがつく、というものである。

よほどの「二日酔」というか、疲れ過ぎで、二軒茶屋まで行っても、「駕籠」からおりて、見物の群集が見守るなかの「座席」に上ることなどとうていできなかったものと見受けられる。

右ような成り行きになることもありうるかと、あらかじめわかっていたからこそ、海老屋は検使の返事を聞いたとき「止むを得ざる事」と、迷惑に思ったもののようである。ということは、オランダ商館のカピタン・ヅーフと、長崎奉行所の検使・花井常蔵との間に、極めてしっかりした「癒着」が認められるということである。

婦人を取り入れ置いたブロムホフ

文政元年（一八一八）に江戸参府をしたカピタンはヤン・コック・ブロムホフ Jan Cock Blomhoff、検使は松崎恒助、大通詞は馬場為八郎、小通詞は加福新右衛門、小通詞並の吉雄権之助も加わっていた。
　この年のカピタンは京都往返とも、座敷に「屏風」を「弐重」に「囲」っていた。オランダ人は「二階座敷」を使用している。
　ところが、「毎朝」「屋根」へ「ぬか汁」を「流し」ている。なんとも「不審」に思っていた。
　帰路の節、カピタン道中より病気で、「服薬」いたし、そのため「八日滞留」となった。出立後、海老屋村上等一が大坂へ下ってみると、海老屋に出入りする商人・青貝屋武右衛門が「婦人壱人」を「伴」っているではないか。この婦人には「見覚」えがあって、先《ぽん》斗《と》町の今津屋金助抱えの女「きぬ」というものである。
　右の「きぬ」、「銅座御役所蘭人居所」へも「忍ひ」て罷り越した様子に見受けられたので、帰京後「内々聞き合せ」たところ、
　　先斗町梅木町
　　　今津屋事
　　　　井筒屋金助抱
　　　　　　　き　ぬ

宮川筋五丁目
大文字や伊右衛門抱
女郎　のふ
同四丁目
松本屋杢吉抱きぬ娘
小のふ
宮川筋六丁目西側ろじ
薬屋渡世　笹屋岩次郎
右方より
五条御幸町西へ入
青貝屋武右衛門

の「引附」で、右の三人の「女郎」を「差入」れしたことがわかった。
きぬは「金九両程」を受け取った。
武右衛門は「壱両弐分」を受け取った。
外に、両人女郎代として「拾両」を受け取った。

また、

先斗町四条上ル丁

高平娘分　たき

を「壱度」入らしめ、「金三両」とし、また「金壱両」を受け取った由である。

このように、カピタンは「病気」で「八日滞留」となっていたが、海老屋のみるところ、「差したる病気の体」にも見受けられず、「私共にも隠し、内密ニ婦人」を「取入れ置」いたように見受けられた。

そこで、このことを「検使」まで「申し入れ置」いたのであるが、「何の御糺《おただし》も」なかった。

文政五年（一八二二）にもブロムホフは二度目の参府をした。このときも、帰路、京都で「病気」を訴え、「滞留差延し」を「申し立」てたが、すでに前日に出立日限を所司代と町奉行に届けてあるので、「右病気」を「申し立」て「出立両三日」の「差延」を「御願」い「申し上げ」たが、「御聞済（＝許可）」とは成り難く、「一日」だけ「差延」べ出立した、と報告している。

ここでも、オランダ商館のカピタン・ブロムホフと長崎奉行所の検使・松崎恒助との間に完全に「癒着」がみられる。「申し入れ」を聞いても、何らの「糺」もしないというのであるから。明明白白であろう。

京の阿蘭陀宿へ定式出入商人の筆頭にも上る青貝屋武右衛門が「婦人」「女郎」の「引附」けをしている。京のうちだけでなく、大坂の阿蘭陀宿まで出向き、「銅座御役所蘭人居所」まで「忍ひ」込ませる案内をしている。「銅座御役所」には長崎会所から吟味役と請払役が交替で出張のうえ詰めていたわけである（『申渡留目録』）。してみると、阿蘭陀宿を舞台に、銅座役人、長崎会所の出張役人、定式出入商人らがオランダ商館のカピタンとの間で、じっとりと「癒着」の関係を保っていた様子が構造的にみえてくる。となると、阿蘭陀宿そのものも埒外にあったのでは決してあるまい、と思われてならない。

シーボルト滞京居据わり戦術

文政九年（一八二六）の参府オランダ人は、商館長スチュルレル、随員に、外科医のシーボルト、薬剤師ビュルガーの三名であったことはよく知られている。

参府で京都滞在中のことは、シーボルトの『江戸参府紀行』にも、海老屋の『御用書留日記』にもみえている。

それらによってみると、通常の参府滞在例に従っている点はもちろん常例通り見受けられる。しかし、シーボルト滞在の場合の特例の諸点が注目される。それらの詳細は日記の記載そのものに譲らなければならないが、その要点はおよそ次のように指摘できる。

(1)　滞在延長作戦

シーボルトが京都に滞在した際、往路において、大津問屋から、伝奏衆の出立、別勅の出立と、混雑の報らせがあるや、一行の出立を後廻しにすべく願い出て、京滞在の日は延ばされた。帰路において、商館長の捻挫、歩行困難を申し募り、御礼参上・廻勤の日が一日延ばしに延ばされた。たしかに、スチュルレルは四日市において捻挫・歩行に難儀の様子はみえたが、その後の歩行、ことに、御礼参上・廻勤日にみえる京都市内・役所中の歩行、社寺参詣、出立日の歩行の様子からして、訴え募り続けたほどとは見受けられない。シーボルトが商館長スチュルレルを通じて行った滞在延引作戦と思われてならない。

(2)　外交交渉の縮図

京都滞在延引作戦の展開に際して示された、理由の挙げ方、日時の稼ぎ方などは、鎖国下の日本に入って、厳しい条件下にありながら、ねばり強く、巧みに展開し続けた、オランダ商館の滞日外交交渉の具体的好例をみる思いがする。

(3)　シーボルトの関心と記録

このような外交交渉を横目でみながら、シーボルト自身は、ひたすら、もっぱら、日本および日本人に関する万有学的研究資料の収集と調査に、その全精力を傾注し続けていた。その様子は『江戸参府紀行』の書き振りに如実に現われている。そこには、商館長の苦痛さえも、絶好の利点に転化させないではおかない、シーボルトのあくなき意欲が紙背に見え隠れしている、と思えてならない。

(4)　商館長スチュルレルとシーボルトの関係

右のように、一切の煩雑な外交交渉的な事柄は、商館長スチュルレルにまかせて、シーボルトは自身の調査・研究に没頭した。したがって、シーボルトの記録には、まさに眼を見張る調査・研究に関する記事が充満している。しかし、商館長が舐めた苦心や体験についての記事は、思いのほか素気なく省略されていることが判明する。今後、シーボルトの記録を利用するときの留意点としておかなければならないかと痛感させられる。

シーボルトの日本研究が有利に実現した蔭には、当初、スチュルレルの好意的配慮も力となっていた、といわれ、それが、出島の商館において、次第に相容れない間柄になった、と聞くところである。となると、それにもかかわらず、その参府旅行の途次、京都滞在延長工作にみられる両者間の阿吽の呼吸をいかに受けとめればよいのか。改めて、両者の関係を追求してみる必要が生じてくる。

海老屋の主人がみたシーボルトの滞在

シーボルトの滞留延長作戦について、村上等一のいうところは、「婦人」など「入り込」ませている様子も見受けられず、「何等の趣意」で「滞在差し延」べをしたいとしているのか、わからないといっている。「定式出入商人共」が「武器・官服」、または官服を「着服」した「人形并書籍類」をオランダ人へ「売込」むこと、すなわち制禁の品々を売り込むことは堅く差し留められているので、「通詞」または「部屋附の者」から、かねて「懇意の者」を語らい、右のような品々を買い入れているので、「滞留差延」べをしたのであろうか。しかしながら、右のような品を「持込」んだ様子も見受けられないから、あるいは出立後に長崎表へ「差送」らせたこともあったか、そのような「談合」をするために「出立」を「兎角」に「延引」したものであろうか、といっている。

この海老屋・村上の言い分だとすると、シーボルトの滞留延長作戦の目的は、ヅーフやブロムホフの目的とは明らかに異なっていたことを示している。制禁の品々を買い取り、あるいは長崎へ送るための談合に日時を要したものとみなしている。シーボルト事件後の報告であったことを考慮に入れておかなければならない。海老屋は、シーボルトの「談合」のために居据わられたのであって、直接、制禁品取引の場となったのではない、と強調することに努めている気振りであること、みえみえではある。まずまず、シーボルトの京都滞留工作が女性問題にあったのではない、ということだけは海老屋が明言している通りと思える。だが、しかし、延長工作を許さざるを得なかった点については、いずれも同じである、といわざるを得ない。

不変の基本的規定は守られてはいた。しかし、それにしても、オランダ人一行の京都滞在には、思いのほか自由勝手な行動が眼につく。眼に余るものさえみえる。長崎奉行所・長崎会所・大坂銅座の役人との癒着に支えられた行動であったことも理解できる。

そのうえにたって、なおかつ、それを許さざるを得なかった京の阿蘭陀宿の弱さはどうしてなのか。どこに原因があるのであろうか。次にみる阿蘭陀通詞との関係によってみえてくるであろう。

江戸番の大通詞と小通詞が各一人、カピタンの江戸参府旅行に付き添った。見習いとして若年の通詞が従ったこともたびたびである。

通詞の主役振り

江戸番通詞は言葉の通じないオランダ使節を案内して、言葉をもって江戸参府に随行しただけに、検使に次いで重要な役職で、日蘭両国人から頼りにされたから、ときには一行のうちで最も重要な、ある意味では主役のような存在であった。

公私にわたる通弁、役所への届け、伺い、伝達、手続書類の作成、宿や部屋の割振り、出納勘定、買い物の値段交渉、訪問客や患者との応対・通弁、見物先での説明、饗応の席における通弁、心付け（チップ）の渡し方にいたるまで、万端にわたって通詞は必要とされたためである。

寛政二年（一七九〇）半減商売令にともなって、江戸参府が五年めごと、四年に一度と改訂されると、なか三ヵ年はカピタン一行にかわって、参府休年出府の大小通詞が半減の献上物を江戸に持参、代礼を行った。したがってこれら参府休年出府通詞も阿蘭陀宿を定宿とした。これらのときには献上物を中心に、随行の者を従えて、通詞は一行の、まさに主役として振舞ったのである。

このようなわけで、いずれの宿駅、ことに阿蘭陀宿においては通詞に対して気を遣った様子である。京の阿蘭陀宿海老屋においては特にその感が強い。阿蘭陀宿に共通にみられる点と、京の阿蘭陀宿にのみみられた特殊事情もあったようである。

通詞の横暴1―夥しき買物と荷物　シーボルト事件後、江戸表からの「道中御調御用」に対して、海老屋の主人村上等一が「京都滞留中」のこれまでの「振り合い」を「御内密」に「書付」をもって答えたところによると、オランダ人の場合と同様、通詞について注目すべきことが報告されている。

通詞の横暴の第一はオランダ人をはじめ「付添の者共」が「夥敷《おびただし》」く商人から「買物」をすることであった。

「買物」が「調《ととの》」わないとなると、「出立」の「差延」べをする。その間に「酒宴」に「長し」、あるいは「他所」へ「遊」びに行く。したがって「荷仕舞」がいっこうにできず、「滞留」がますます「延」びることになる。

「上京」のときは、何の「品々」か知らないが、「銘々」が「嵩成《かさみなる》」「荷物多く」持ち越し、「帰路」には、「土産物」または「長崎人」から「頼」まれた「買物等」を「付添の者共」までも「夥敷」く「荷調《にととのえ》」をする、というのである。

ここに出てくる「付添の者」の筆頭が通詞であることは言うまでもない。

海老屋に出入りする商人はまえから決められていた。「定式出入商人」と呼ばれる商人たちである。指定商人といったところである。ところが、「近年」は、旅の「途中」で「買物」をして、その「商人」を「連帰」るので、「商人」たちで「混雑」する。さらには、その商人に「見物人」までも「入交り」、「取締」りがよくなくなってしまった。

通詞の横暴2――猥りがましき行動

通詞の横暴の第二は、「猥《みだり》」がましい事が「夥《おびただ》しい」ということであった。たとえば、「すでに先年」もあったことであるが、「大通詞」が「外宿」へ「蘭人」を「招」き、「芸者」を「呼び寄せ」、「饗応」する「趣向」であった。そこで村上等一の父・専八が「蘭人他出」は「御役所」

へ「御届」け申し上げなければならないことを「御検使」へ「申し上げ」たところ、「御検使」から「御差し留め」になった。すると、「専八」が「拒」んだからだと、「通詞共大ニ立腹」して、「散々ニ相当り」、「失脚過分（＝費用が余計）」となってしまった。

あるいはまた、オランダ人が「祇園二軒茶屋」へ行った際に、「通詞共」が「馴染」みの「芸奴共」が「居合せ」て、「蘭人」から「三味線」を「引かせる」よう言っているから、といってさせるので、「長座（＝長居）」になってしまう。「長座」は「御奉行様」から禁じられているので、「差し留め」ると、「通詞共」は「京都阿蘭陀宿」は「役人の心持」ちでいる、「おかしく候抔《など》」と「つぶやき」などする始末で、「私共身分」ではどんなことをされても厳重に「取締」りはできず、「兼《かね》て相歎」いていることであった、と。

京の阿蘭陀宿の弱み

「京都滞留中」の「振合」が、オランダ人も、阿蘭陀通詞も、ともにはなはだ不取締りで迷惑を蒙っていることを歎いている海老屋村上等一であるが、その原因について次のように述べている。

「右の始末にて風儀よろしからざる義、荒増《あらまし》、御賢察遊ばさるべく候」と幕府役人の注意を喚起したあと、その原因について、「江戸表」においては、「御見廻り」の「御役人等」があると聞くが、京都ではそのようなことがない。「大坂表」は「銅座御役所」に

「滞留」の「御役人方」が「出勤」されている（大坂の阿蘭陀宿は銅座の為川方であった）。このように、江戸の長崎屋でも、大坂の長崎屋（為川）でも、「自然、相慎」しむこととなっているが、京都ではそのようなことなく、「恐れ気」も「無」く、「慎」しみの「薄キ姿」になっている、と指摘している。

その結果、オランダカピタンの献上・進物の残品を販売する、すなわち、阿蘭陀宿に買わせる反物をめぐって、通詞共が「当たり」ちらして「売徳少キ様」に「取り計」らう、と訴えている。ということは阿蘭陀宿に買わせる反物の値、すなわち残品の販売価を通詞が操作する点のあることが明白となったわけである。これは通詞の職権乱用といわざるを得ない行為である。しかし、このために、京の阿蘭陀宿は、堪え忍ばなければならなかったのである。大火後の再建をめぐる海老屋の涙ぐましい努力を想起するだけでも察せられようというものである。

さらに、このことにもまして京の阿蘭陀宿を弱からしめている決定的要因が存在したのである。

「元来」「京地」の「阿蘭陀宿」の「相続」手続きは「京都御奉行所」へ「御願」い申し上げ、京の町奉行所から長崎奉行に「御懸け合い」がなされ、そのうえで、「京地ニて」

「許可」されるものであった。

それが、どうしたことか、「近例」では、「長崎」の「通詞共」へ「願書」をさし出す「振り合い」になってしまった。その結果、通詞共が私共を「自分支配」と心得ている様子になってしまった。それで「我儘」の振舞いがあっても「取り押」えることもできず、「不取締」りとなってしまった、というのである。

実際、第三代目村上専八や第四代目村上等一の相続をめぐる一連の手続きの様子をみれば、右の通りと納得せざるを得ない。

献上物持ち越し、京都滞留中の振合

カピタンの江戸参府のない年に、参府休年出府通詞大小二名が随行者を従え、半減の献上物を警固して上京滞留した際の様子について、村上等一が「御内密」の尋問に答えたところは、およそ次の四ヵ条であった。

① オランダ人の参府のときよりは人数は減少しているが、「過分の荷物」を持ち越している。

② 通詞どもが商人より買物をする品々のうちには、オランダ人から頼まれた品もあるように「見聞」している。

③「芸者等」を招き、深夜までも「酒宴」に及び、あるいは芸者に「止宿」させることも「毎々」のことである。

④通詞共が「他所見物」に出かけたり、逗留を勝手に「差延」ばすこと。

そして、さらには実名をあげて書き上げているところをみると、海老屋は常々腹に据えかねるものをもっていて、それがこの機会に噴出した観をいだかせる。

文政六年（一八一九）、参府休年出府通詞の大通詞石橋助左衛門は小通詞の吉雄権之助とともに上京、海老屋に往路・復路とも逗留した。その際の石橋助左衛門について書き上げている。

帰路の節、「滞留八日」になった。

「先例」では、所司代と両町奉行への「御礼」がすむと、「大体中二日」か「三日」の「積り」をもって「御届」をしておき、その「日限」になって、もし差支のあった場合には「御断」を「申上」て「出立」を「差延」ばしてきたものである。

ところが、石橋助左衛門の言うには、「京都滞留御定日限」というものはないのであるから、前もって「出立日限」を定めて届けておくことはない、という。その理由は、これまでのように「日限」の「見きり」をたてて届けておくと、差支えが生じた場合、延引の

「御断」を申し出なければならなくなる。すると、「事ニ寄」っては、「延引」の許可がおりない場合も生ずるから、今後は「見越しの御届」は申し上げず、「滞留日数勝手次第」に致すべきであると「申し立て」て「滞留」を「差延」ばしてしまった。

　というようなわけで、「已後」の「届け振」りは「前例と相違いたし」「滞留勝手」に「差延」ばしている、と村上等一は書き上げている。

　実名を挙げられている石橋助左衛門は半減商売令が出された翌年、すなわち寛政三年（一七九一）最初の参府休年出府通詞として上京した通詞であり、以降、同八年・十二年、文化四年・六年、文政二年と参府休年出府通詞を勤め、さらには、享和二年、文化十一年は江戸番通詞を勤めた通詞であった。したがって、言い方をかえれば、「京都滞留」の「振合」の型をつくり、前例を示した人物であったことが見て取れる。してみると、京の阿蘭陀宿海老屋の主人村上等一にとって、最も責任の問われるべき通詞名として石橋助左衛門の名が心底深く刻みつけられていたものと察せられる。

事件と情報

事件の関係者が泊まったり、泊めた宿は、しかるべき筋などから、ひそかに探索をうけたり聴取をうけたりすることがあるという。この種のことは、程度の差こそあれ、今も昔も変わらない。

一味として悪事を働いたのであれば、それも止むを得ない仕儀であろうが、でなかったら、宿にとっては迷惑このうえないことである。

いずれにしても、以後は、いかにしたらそのようなことを回避できるか、その筋も探査のうえ対策を講ずるであろうが、宿としても常々どんな心得をしていたらよいものかなど、腐心するところであろう。同業者間においては情報交換に努め、日頃から対応を協議しておくなどということもまた、程度の差こそあれ、今も昔も変わらない。

シーボルト事件、その判決情報

海老屋に伝えられた判決情報

シーボルト事件における検挙・審理・判決など、一連の経過については、大事件であっただけに、諸種の文書史料や、巷間に流布した随筆や作品に書写・収載されている場合が多い。

シーボルト事件について、特にその判決について、京の阿蘭陀宿海老屋《オランダやどえびや》に知らされている。その表題は、

天文方地図一条封廻状之写

文政十三年道中御取調

御用御出役御普請役江差出候書面之写

と長い題の付いた史料のうち、前半部分の「天文方地図一条封廻状之写」の表題に相当する部分が、シーボルト事件における、江戸と長崎の両所において下された判決である。

いわゆるシーボルト事件後、すなわち、この文書でいう「天文方地図一条」の後、幕府はオランダ商館長一行が江戸参府旅行において、道中、特に宿泊「滞留」した宿、すなわち拠点となったその様な五ヵ所の阿蘭陀宿でオランダ人一行の滞在振りを「内密」に聴取し、対策をたてようとしたとみえる。

後半部分のうち「文政十三年道中御取調」の部分が、京の阿蘭陀宿海老屋に対する聴取に当たるもので、「御用御出役御普請役江差出候書面写」が、聴取に対して回答した村上等一の報告内容である。

阿蘭陀宿に対する幕府の聴取、それに対する阿蘭陀宿の報告の、初の具体的例として、本史料はひときわ注目すべき価値を有すると思われる。

江戸・長崎判決情報による判明点

三部分から成る本史料そのものと、流布写本等との詳細な比較検討は紙幅の事情から拙著『阿蘭陀宿海老屋の研究』の「史料篇」と「研究篇」にゆずらなければならない。ここでは、そのうえに立って、結論的考察のみを示すにとどめる。

流布写本との校合・検討から、京の阿蘭陀宿にはシーボルト事件に関して、ことに判決情報が江戸と長崎両方面からよく伝えられていることがわかった。簡潔な記載のうちにも、阿蘭陀宿として直接かかわりのありそうな関係事項がよく選択されて伝わっていること、文書の原形式を伝えている点もみられて注目に値する。阿蘭陀宿としての役務を遂行してゆくうえに、生きた必要情報であったと痛感させられる。この種の情報が、オランダ商館長の江戸参府旅行の一行を泊めた各宿、ことに拠点となった五ヵ所の阿蘭陀宿に正確に伝えられる回路が成立していたことを推察させる。標題のなかに「廻状」の文言を見て、いっそう、その観を強くさせられる。

それにしても、われわれが「シーボルト事件」と呼び慣わしている本件を、この廻状の発信主は「天文方地図一条」と呼んでいることは注目に値する。この呼び方からすれば、制禁の地図流出を事件の最大本質とみているということになる。当時、世間で一般的に呼ばれていた事件名称ということになろうか。

事件後、幕府がオランダ商館長の江戸参府旅行について、特に事件発生の温床・舞台ともなった阿蘭陀宿について、厳重に眼を向けたであろうことは容易に察せられる。

事件後しばらくの間、オランダ商館長の江戸参府にオランダ人医師の随行を欠いていることも、そのよき現われとみなされよう。阿蘭陀宿に対する事件直後の探索・聴取・監視・取締り規制の強化などのあったであろうことは容易に察せられるところであった。しかし、この注目すべき事柄について、従来、さっぱり具体的報告をみないで荏苒《じんぜん》として日を送ってきた。

海老屋村上等一の報告、大坂の長崎屋為川半十郎と連名で報告し、実情を訴え、幕府の対応を望んだ一連の報告書によって、事件後、幕府が確かに探索・聴取に乗りだし、あらためて監視・取締り強化の資としようとしていたことが具体的に判明した。これは大きな注目点といえよう。

一連の報告書によって、江戸参府における阿蘭陀宿において、オランダ人・随行役人たちがどのような宿泊振りをしていたか、その規模・習慣と実情について具体的に知ることができた。それらはそれぞれ、関連箇所で紹介した通りである。

高島秋帆事件、その判決情報

海老屋に伝えられた判決情報

高島秋帆《たかしましゅうはん》に対する処罰事件について、海老屋の文書には「長崎高嶋四郎太夫并連坐之者へ御申渡之書留」と表題が付いている。判決に関する情報である。

高島秋帆事件そのものの説明は、ここでは省略するが、要するに、高島流砲術の隆盛を忌む幕府内部の、当時、江戸の町奉行であった鳥居甲斐守忠耀《ただてる》（耀蔵《ようぞう》）が長崎奉行伊沢美作守政義と組んで秋帆を罪におとしいれようとして引き起こされた事件であった。そのため天保十三年（一八四二）十月、秋帆は長崎で逮捕され、江戸に送られ、町奉行鳥居の手で取調べを受け、のち評定所で再吟味が行われ、弘化三年（一八四六）七月、中追放の判決をうけて、武州岡部藩に預けられた。嘉永六年（一八五三）ペリー艦隊の来航にともなって、江川太郎左衛門英龍《ひでたつ》の進言により赦免されて、通称を喜平と改め、江川のもとで鋳砲に従事、のちに講武所砲術師範にあげられた。

情報内容

海老屋文書では表題に添えて、

寅十月四郎太夫御召捕《おめしとり》ニ相成《あいなり》、卯正月江戸表へ御召寄、三月着府 京橋下総守様へ御預ケ
辰十二月鳥居甲斐守掛り 評定所御調直しニ相成、午七月八日落着

と書かれている。寅十月は天保十三年のこと、卯正月は天保十四年のこと、辰十二月は弘化元年のこと、午七月八日は弘化三年のことである。したがって秋帆逮捕から再吟味を経て判決にいたるまでのことが、その内容であるとわかる。

さらに次のように朱書で追記されている。

嘉永六年癸丑八月六日御咎《おとがめ》御免《ごめん》、伊豆御代官江川太郎左衛門様へ御引取ニ相成、同月十五日太郎左衛門様御手代ニ仰せ付けらる 五人扶持 廿五両
四郎太夫喜平と改名

すなわち、赦免され、江川の手代となり改名した経過が追記されていることがわかる。

情報内容としては、三部分から成り立っている。
①弘化三年七月二十五日付、江戸判決情報
②弘化三年八月二十三日、長崎判決情報
③弘化三年八月六日、熊倉伝十郎、小松典膳復讐一件判決情報

『高田屋嘉兵衛話』

成立事情

京の阿蘭陀宿海老屋《オランダやどえびや》の主人村上恒夫が「弘化二年」の十月頃、『泰平年表』にみえる高田屋嘉兵衛がカムチャツカに行ってきた記事を読んで、大坂の阿蘭陀宿の主人為川半十郎から聞いた高田屋嘉兵衛の話を思い出し、関係者もすでに亡くなっていることから「思い出」すままに「書き記るし」たと、書留めを作っている。

大坂の阿蘭陀宿の主人為川半十郎が高田屋嘉兵衛の話を聞いたのはいつか。この点については、高田屋嘉兵衛が「事すミて兵庫へ帰りし時」に大坂の東西の町奉行が嘉兵衛を「召して、打ち寄り、その時の事とも」を「したしく聞」いたものであったと。

「東組与力」の「大森十次兵衛」も自宅に嘉兵衛を招いて、その「物語」を聞いたことがあって、そのとき為川半十郎は十次兵衛と親しかったので招かれて、その「傍ら」で聞いたのであると、直接話を聞いた事情を伝えている。

高田屋嘉兵衛が兵庫へ帰る途次、大坂を通過したのは文政元年（一八一八）のことであったから、為川半十郎が村上恒夫に話し聞かせたのも、これより間もないことに属し、年月を経てからのこととは考え難い。

独自性　村上恒夫が、他の諸書に見えない点がいろいろあるとして書き留めた『高田屋嘉兵衛話』の独自性をみてみなければならない。その要点はおよそ次の諸点である。

(1)　まず、事件発生の文化九年（一八一二）九月十四日のこと、異船が出現したとき、水主たちは動揺して「皆、胸ふれて、食するものなし」という有様であったが、「かゝる時」こそ「腹さひしくてハ叶ふまし」とて、「急に食せし」め、「嘉兵衛ひとり数椀を食し」て事に臨《のぞ》んだということ。

(2)　嘉兵衛が水主らとともにロシア船で連行されていく途中、海底に岩石があって危険な場所に進路をとっているロシア人に対して、その難所を教えて無事カムチャツカに着いたこと。このことは嘉兵衛と水主たちがこの海域の航路をいかによく熟知していたかを証してあまりある。

(3)　嘉兵衛がカムチャツカ抑留の間、客館において、あるいは市中遊歩において、常に一人の「小童」をそば近くにおいて使用していた様子が明記されている。嘉兵衛がこの現地の小童からロシア語を習い、日本語を教えて、意志の疎通をはかったことは、他書にみえる片影とともに、本書において、「小童ハさかしき者なりけれハ、月日を経る程に、彼かいふことも、我いふことも、やうく聞分て、なにくれと弁する程にハなりぬ」と明記されていることによって判明する。これはすこぶる注目に値する。嘉兵衛はこの有能な「小童」の名を為川らに伝えたとみえて、村上も為川から聞いたといいながら、その名を「今はわすれ」てしまったといっている。なんとも惜しい限りである。

というのも、未知の土地に入って、なにか事を成就させようとするならば、その前段階として、まず言葉の障碍《しょうがい》を取り除かねばならないからである。そこで考えられるのが、現地の有能な若者を得て言葉の交換教授を行い、障碍を除去する、さらに、すすんではその関係を活用するということである。しかし、これは決して簡単なことではない。使用する方が余程有能でないと成果はあがらない。

そこで、まず想起されるのが、オランダ商館付医師として元禄の日本にやってきたドイツ人ケンペルのことである。日本語を知らないケンペルが、わずか二ヵ年の滞在経験で、名著『日本誌』を著作することができ、その間におびただしい資料蒐集ができたことについては、その背後にいかなる秘密があったか、必ずや有能な日本人協力者がいたはずであると長年いわれ続けてきた。はたせるかな、最近、長崎の阿蘭陀内通詞の家に育った今村源右衛門英生という有能な青年がケンペルの助手としてついていたことが判明した。三〇〇年来の謎が解けたのである（『阿蘭陀通詞今村源右衛門英生——外つ国の言葉をわがものとして——』丸善ライブラリー145）。

これを思っても、高田屋嘉兵衛についた有能なロシア人小童の名を知り得ないものかと希望しないわけにはいかない一事である。

(4)　嘉兵衛らは、彼の地で「色白なるたをやめ」を「人数に配して」すすめられたという。それを「かたくいなみて」受けつけなかったという。この一事は、かの大黒屋光太夫のことを想起せしめる。

(5)　彼の地で落命した水主の埋葬形式を、ロシアの教法を拒んで日本式に行ったこと、「炮」を作る工夫、「焰硝」を求める工夫の様子など、他書に見えない具体的記述で臨場感に富む。

(6) 例の小童を通訳として、嘉兵衛が彼の地で行った帰国交渉、ゴロウニンとの交換交渉などと、その推移など、いずれも具体的で注目に値する。

(7) やがて、送還時に、国後の岸辺を目前にしながら上陸を急がず、送ってきたリコルドと展開した沈着・冷静な交渉の実況、上陸してからは、応対の坐をめぐる役人とのやりとり、いずれの場面におけるエピソードにも、北の海を舞台に、自然の猛威とそこに生きる荒き人びとを相手に鍛え抜いた髙田屋嘉兵衛の智力・胆力が示されているとみた。

このような、他にみられない興味深い、良好な伝聞が、なぜ京の阿蘭陀宿の主人が大坂の阿蘭陀宿の主人から、直接・迅速に得られたものか。あらためて、両者の関係を考えてみる必要がある。

京と大坂の阿蘭陀宿は、江戸参府のオランダ商館長一行の往路・復路の機会に、その出迎え・見送りを例とし、連絡を密にしていた。

オランダ商館長一行をめぐって発生した事件、阿蘭陀宿を定宿とする長崎町年寄・阿蘭陀通詞などをめぐって発生した事件と、その結末・結果などについては、いち早く情報の伝達や交換が行われていたようである。

受用銀や送金連絡、種々の手続き、阿蘭陀通詞との関係で注意しなければならないことなど、いずれも、オランダ人定宿として心得ておかねばならないことが多かった。

このような、業務上における緊密な関係にあった京と大坂の阿蘭陀宿であったからこそ、対外関係の情報の一環として、「高田屋嘉兵衛話」などという、珍しく、興味深い話にも、いち早く接し得たものと察せられる。してみると、この一話、流布に流布を重ねた伝聞というのではなく、ほぼ高田屋嘉兵衛の直話《じきわ》に近いかたちで伝えられた一話ということになり、村上が強調しているように、他の伝聞にみえない独自性を多々含んでいて注目に値しよう。

阿蘭陀宿海老屋の実態

日本および日本人が、ヨーロッパおよびヨーロッパ人との接触を開始して、新たに独自の文化を作り出したことは日本の近世文化の一大特色である。

その近世における日欧交流の時期を、大きく前後二期に区分することができる。

前期の約一〇〇年は、ポルトガル人を中心とする南蛮人・南蛮船の来航を歓迎して南蛮文化を受容、それまでの中世文化と一線を画す新文化の創出と統一国家建設のために、積極的に活用した。

後期の約二〇〇年は、キリスト教拒絶・貿易継続の方針で、主としてオランダ人・オランダ船の来航を認めて、世界情報の入手とヨーロッパ文化の継続的受容に努め、独自の文化を作り出した。のちに鎖国時代と呼ぶようになった期間のことである。

オランダ船の来航は長崎に限られ、オランダ商館員の滞在は長崎の出島に限られた。ヨーロッパ人として、唯一、貿易の継続を許されたオランダ商館の責任者である商館長・カピタンは、将軍に対する御礼言上《ごんじょう》のために江戸参府旅行を行った。船載の珍貴な貢物をもって東上、貿易の継続を謝す行事となった。

江戸参府旅行は、九州の各宿を旅する短陸路、下関から室《むろ》もしくは兵庫間の瀬戸内海を船で行く水路、大坂・京都を経由、東海道各宿を江戸までくだる大陸路、その長い旅行は往路・復路、あわせて平均九〇日を要した。ということは、カピタンと随行のオランダ商館員は一年の四分の一を出島の外に出て、鎖国日本を旅したことになる。これは注目しなければならないことであろう。

ヨーロッパ人として、鎖国日本を旅して日本および日本人を観察・接触できる唯一の機会であった。長崎出島以外の鎖国下の日本人がヨーロッパ人を観察し、接触の機を求めることのできた唯一の機会でもあった。

カピタンの一年交替をはじめ、オランダ商館員の滞日は短期間に制限されていたから、難解な日本語を身につける暇もなければ許されもしなかった。したがって貿易官を兼ねる通訳官として阿蘭陀通詞の養成と確保がはかられたのである。

江戸参府旅行は、日本語を解さないキリスト教国の貿易商人の旅行であったから、監視と通訳が必要であった。長崎奉行所が派遣する検使と阿蘭陀通詞がこれに従事した。ここに、この両者が、オランダ人に対しても、日本人に対しても強い権限をふるう要因があったのである。

このようにみてくると、オランダ商館長の江戸参府における阿蘭陀宿《オランダやど》は、長崎出島以外の禁教・鎖国下の日本において、唯一、日・蘭両国人の交流の場と機とを与えた舞台であったということができる。

魅力的な史的存在である阿蘭陀宿について、総合的専書は皆無であった。史料が得られなかったからである。

阿蘭陀宿の代表である江戸の長崎屋源右衛門は、度重なる類焼にあって一切の史料を失っている。これを補い、阿蘭陀宿を総合的に理解できないものであろうか、すすんでは、オランダ商館長の江戸参府の史的分析にも迫りたい意識をもって、京をはじめとする他の諸都市の阿蘭陀宿に眼を向けてみる必要がある。

幸いにして、京の阿蘭陀宿海老屋《えびや》に関する、ややまとまった史料を閲読する機会に恵まれた。海老屋の史料は、管見の限り、阿蘭陀宿に関する内容豊富な最大分量の史料群である。このほど、初の活字化を終えることができた。この史料群を中心に、組織的・総合的理解をもとめて周辺の内・外の史料にも眼を向けて、紹介と考察を行ってきたわけである。

このうえまとめなおすこともないかと思うが、初の取り組みで、阿蘭陀宿の全体像把握に近づける必要があると思われるので、簡潔にその要点を整理しておきたい。そのうえに立って、二、三の問題について小察を加えてみたいと思う。

1　阿蘭陀宿の役割

「阿蘭陀宿」は、オランダ商館長（カピタン）の江戸参府旅行において、オランダ人一行の宿泊・賄いを引き請け、献上・進物の保管に当たった定宿である。通常の宿駅においては本陣が当たり、往路、宿泊を勤めれば帰路は昼の休憩を勤める、あるいはこの逆というふうに、各宿駅で交互に勤めた。目的地の江戸をはじめとする、往路・復路ともに幾日か滞在・宿泊した京・大坂・下関・小倉の定宿を特に「阿蘭陀宿」と呼んでいる。

2　五ヵ所の阿蘭陀宿

江戸の定宿は長崎屋源右衛門、京は海老屋村上氏、大坂は本陣と銅座を勤めた長崎屋為川氏、下関は大年寄で本陣を勤めた伊藤家と佐甲家が交替で勤め、小倉は大坂屋宮崎氏が勤めた。

3　長崎会所から配分役料

江戸・京・大坂・下関・小倉の定宿は長崎地下並に長崎会所から配分を役料として支給

されていた。江戸参府に際し、オランダ商館長から進物が贈られてもいた。このようなことから、この五ヵ所の定宿は特別の「阿蘭陀宿」として位置付けられていたことがわかる。

4　一六六回の江戸参府

オランダ商館長の東上・拝礼は慶長十四年（一六〇九）から行われ、寛永十年（一六三三）から毎春行われるように定例化し、寛永十八年（一六四一）オランダ商館の平戸から長崎出島移転、いわゆる鎖国体制完備後も継続され、寛政二年（一七九〇）から半減商売にともなって、五年めごと、四年に一度と改定をみ、嘉永三年（一八五〇）まで続いた。じつに、一六六回を数える。

5　ポルトガル宿から阿蘭陀宿へ

江戸の長崎屋源右衛門は、元来、ポルトガル宿であった。オランダ商館長の江戸参府定例化の頃から「御用」を勤めるようになったというから「阿蘭陀宿」としての歴史は古く、最後まで、長く続いた。京の阿蘭陀宿も元はポルトガル宿であったから、他の阿蘭陀宿も元はポルトガル人を泊めた宿であった可能性が強い。

6　広野与右衛門から村上文蔵へ

京の海老屋の場合、ポルトガル人宿から、参府定例化頃阿蘭陀宿を勤めた広野与右衛門は鎖国体制完成頃に零落、村上文蔵に交替した。

7　禁教監視の管理宿

鎖国直後の阿蘭陀宿は禁教を監視するため、その警備は厳重を極めた。江戸の長崎屋、京の海老屋にその様子が濃厚にみられることから、他の阿蘭陀宿においても、当初、禁教監視のための管理宿であったことが察せられる。

8　オランダ東インド会社の幔幕《まんまく》

阿蘭陀宿にオランダ商館長一行が泊まっている間は、大名が参勤交替で止宿する場合に準じて、その門にオランダ東インド会社の紋NVOCが入った幔幕が張られていた。

9　職務の覚書

京の阿蘭陀宿の基本的職務は、享保初年頃の成立といわれる『京都御役所向大概覚書』にみえる一〇ヵ条からなる「阿蘭陀人罷登候事」によって窺い知ることができる。

(1)　参府一行の長崎出立時期、着坂、大坂逗留のこと。

(2)　蘭人着京、大通詞・海老屋主人同道で所司代・両町奉行所に届け出る。御礼日の伝達。海老屋の先導で蘭人・大小通詞が所司代・両町奉行に進物持参、挨拶。進物の品と数、蘭人の役職・名・歳書提出。

(3)　所司代より東海道の人馬船川渡証文の下付、蘭人に対する茶菓接待。
(4)　両町奉行所における吸物・酒・菓子接待。
(5)　一行の京都滞留は出入り四日（着発日と中二日）。蹴上宿までの見送り、三役所への出立届け。
(6)　帰路着京予定日を三役所へ通知。大通詞と着京届け。滞京四日。
(7)　所司代から使者でカピタンへ時服五ツ、大小通詞へ各一ツ下される。
(8)　両町奉行所から同心の使でカピタンへ銀子五枚ずつ下される。その御礼として名代大通詞両町奉行所に御礼参上。出立届け。名所見物先届け。
(9)　参府人数。
(10)　長崎奉行所から検使ほか与力一人、同心一人、町使二人、大通詞一人、小通詞一人ら随行。総勢五七人。定宿の場所は川原町通三条下ル町とみえる。

10　村上文書

京の阿蘭陀宿村上氏の遺した記録が伝存している。神戸市立博物館に所蔵される旧池長コレクションの「皇都阿蘭陀人宿（荷蘭館）文書」に含まれる未刊文書群である。同館では「村上家（阿蘭陀宿）文書」（『神戸市立博物館蔵品目録』の「美術の部9文書II」一九九

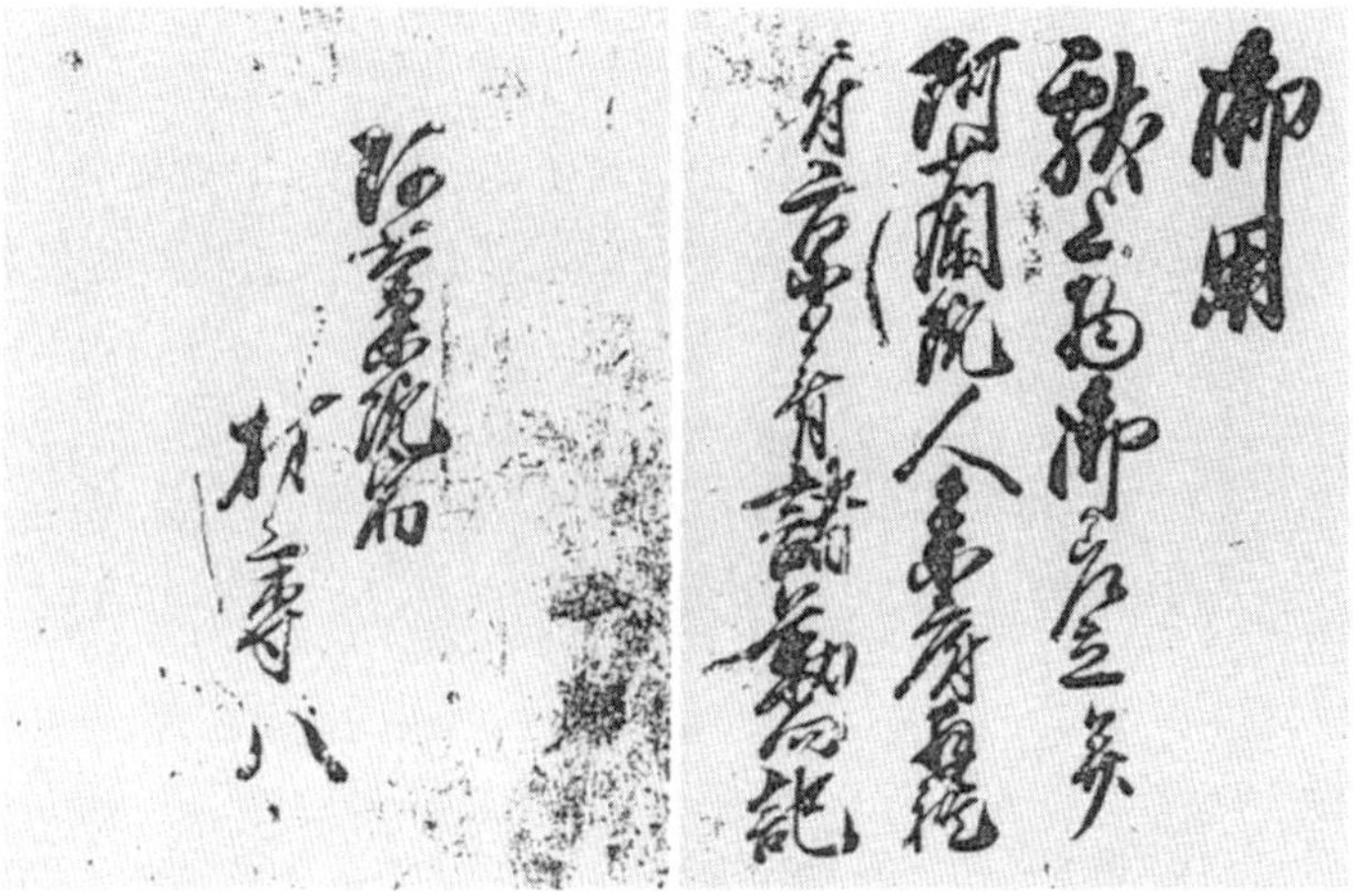

図22　『御用書留日記』第１冊の表紙（右）と裏表紙（左）
（村上家文書〔神戸市立博物館蔵〕）

図23　荷蘭館記
（村上家文書『高田屋嘉兵衛話』
より〔神戸市立博物館蔵〕）

二年三月、所収）として架蔵。挟み込まれた一紙文書を除いて、まとまったものを列挙すれば、

(1) 御用書留日記（天明八年〜安政六年）　四冊
(2) 阿蘭陀宿用向手続　一冊
(3) 阿蘭陀宿相続手続之ひかえ　一冊
(4) 村上於莵二郎（荷蘭館主）任官令写　一冊
(5) Verscheijde Spreek Wijzen（オランダ語会話書）　一冊
(6) 天文方地図一条封廻状之写
　文政十三年道中御取調御用御出役御普請役江差出候書面之写　合一冊
(7) 長崎高嶋四郎太夫并連坐之者へ御申渡之書留　一冊
(8) 高田屋嘉兵衛話　一冊
(9) 荷蘭館額面及人名帖由来　一冊

の九点をみることができる。

11　文書の内容と構成

村上文書九点について、簡単に説明しておこう。

(2)「阿蘭陀宿用向手続」は京の阿蘭陀宿海老屋の果たすべき職務の基本を書き留めたものである。現代風に言えばマニュアル書である。このマニュアル書の相伝を受けて「御用」を勤めた実際の記録が(1)「御用書留日記」である。

(3)「阿蘭陀宿相続手続之ひかえ」と、(4)「村上於菟二郎（荷蘭館主）任官令写」は海老屋の代々の相続手続きをみる根本史料であると同時に、他の阿蘭陀宿における相続の手続きを窺い知るマニュアル史料とも受け取れる要素を含んでいる、とみる。

(5)の「オランダ語会話書」は海老屋の主人がカピタン一行を迎えて、滞留中に遭遇するであろう場面場面におけるオランダ人との会話を想定して通詞から作ってもらった会話のマニュアルともいえるものである。この内容からも阿蘭陀宿の主人が気を配った職務内容を察することができる。いかにも阿蘭陀宿の主人が準備した職務資料という観をいだかせる。

(6)〜(8)の三史料は、阿蘭陀宿が相互にいかに情報交換に努めていたかを遺憾なく示している証拠史料といえる。宿泊オランダ人のかかわった犯罪、その判決記録、長崎の町年寄も阿蘭陀宿を定宿としたから、その町年寄が受けた判決記録は阿蘭陀宿にとって、きわめて必要度の高い情報であった。鎖国下の日本にあって、唯一の外国人のための指定された定宿である阿蘭陀宿であったから、海外情報、その体験者からの伝聞などもきわめて重要度の高い情報であったわけである。いずれも良質な内容と形態を保っている。

(9)の額面や人名帖に関する記録は阿蘭陀宿そのものを構造的にイメージ・アップさせるに格好の史料であると思える。

このようにみてくると、海老屋村上文書九点は、(1)日記を縦糸とし、(2)〜(9)を横糸として、総合的・立体的に海老屋という阿蘭陀宿を語ってくれる史料を構成している、と理解できる。もちろん補わなければならない部分部分は他の内・外の史料によらなければならないが、まずまずバランスのとれた構成内容を示している史料群であることが判明する。

12　酢屋所蔵の絵地図類

海老屋村上氏と同じ大黒町内に居住した酢屋嘉兵衛氏の所蔵にかかる町内の絵地図類と巡り会えたことは僥倖であった。安永八年の「大黒町絵地図」を、記載されている寸法通りの比率で復元することができた。これによって、京の阿蘭陀宿海老屋の存在した場所が判明した。大黒町西側川原町通りに面し、南隣の山崎町境に接した場所であると詳細・鮮明に知ることができた。先に『京都御役所向大概覚書』が記す「川原町通三条下ル町」という言い方とも矛盾していない。どれくらい「下ル町」であったかということが絵地図で明確になったわけである。長年の希望が達せられて嬉しい。

13　阿蘭陀宿海老屋の位置

安永八年（一七七九）の時点で、海老屋は、「表口拾間壱尺六寸、裏行十五間五尺弐寸」であった。海老屋の表口の右端前には川原町通りの「門」があったこともわかる。それほど大きな敷地ではない。それどころか、勝手な先入観念による予想であったかもしれないが、思いのほか小さな敷地であったことが判明する。

「文久三年亥十二月改」の「大黒町大地図」によれば、「大黒町之内西側　村上等一持家」は、「表口七間四尺八寸五歩」で、「裏行拾六間」であった。その敷地内に後述する海老屋村上氏の居宅が建っていたのである。

「明治三庚午年閏十月券状　御改正ニ付図面全有之候、下京六番組大黒町」とある「大黒町地図」によれば、「表口拾間壱尺六寸」で、「山崎町境」すなわち南寄の裏行が「拾九間三尺」、反対北寄の「裏行拾九間四尺」と記載されている。名義は「村上権少属」とあり、朱書きで「三軒四分役」と記入されている。徴税の積算基礎となった図面と数字であったと理解できる。

「大黒町地図　明治元年」とある地図は、その内容からして、少なくとも前記明治三年地図より後年の地図と思えるが、それには、次のようにみえる。

これによれば、村上家「村上乙治郎」は旧敷地の北奥に引っ込み、南奥のかなりの部分を「小学校」に提供、河原町通りに面した前面のうち、一番南角にある「土蔵」はそのまま残し、土蔵に続いて「門入口」を設け、続いて「村上借家」二軒を建てて貸していることがわかる。「綿屋小兵衛」と「杉本半右衛門」なる人物に貸し、綿屋の方に朱書で「狩野」、杉本の方に「田中」と朱書記入されているところをみると借主に変更をみたということであろうか。

ここにみえる「小学校」とは、『角川日本地名大辞典』が伝える「明治七年、三条と河原町の頭文字をとり三川校とし、同十年立誠と改称した」という立誠小学校の前身敷地であり、位置であったことかと理解される。三川校となる以前から、寺小屋式の教育場として一部使用されていたともいわれる。

いずれにしても、明治に入ってからの村上家の人びとは河原町通りに面した土蔵と貸屋の間に設けた門から入って、その貸屋と小学校の間の曲がった路地を進み、もう一軒の貸屋の後の小学校に隣接した奥まった屋敷の居宅に住んでいたということがわかる。

時は移り、河原町通りに面した現在地には書店「駸々堂」が営業を続けている。

14　高瀬川の利便

したがって、京の阿蘭陀宿海老屋村上氏は高瀬川の西側を入る第五舟入りと至近距離に位置していたことも判明する。高瀬舟による舟運の恩恵を享受できたわけで、記録と地図によって、よく理解できる。

15　商家の協力関係

高瀬舟によって運ばれてくる献上・進物用の品々をはじめとする、江戸参府の一行が持ち込む沢山の荷物は、舟入りの浜地に上げられる。京の阿蘭陀宿海老屋の村上氏はそれを受け取り、至近距離にある自宅の「土蔵」に収納したことが知られる。収まりきらない荷物については、舟入りを囲んで林立する何軒かの商家の蔵をも借用することができた。蘭人着京日を近所の商人に廻状をもって予告したのは、このような協力要請の必要があったからである。小さな阿蘭陀宿海老屋が果たさなければならない大きな「御用」に対して、周辺の商家が協力関係をもっていたことがわかる。すると、参府のオランダ人一行を迎えて、この大黒町の商家たちは、さぞや活気づいたことと察せられる。日記にもその片影が散見されている。

大坂の阿蘭陀宿長崎屋為川氏から蘭人一行着坂の報らせに接するや、海老屋の主人は、それが夜分であっても、出迎えのため急いで「舟」でくだったという。

16　海老屋の間取図と下宿

京の阿蘭陀宿海老屋が二階建で、その間取りが文久三年の「大黒町大地図」の「村上等一持家」のところに描かれていて注目に値する。珍しい間取り図である。

まず気付かされることは、思いのほか小さな宿であったということである。したがって、オランダ人三名はよいとして、検使や通詞をはじめとして、どれくらいの人数が実際に宿泊できたか、想像、きわめてむずかしい。したがって、一行の大多数は他の旅宿や茶屋などを求めて「下宿」させなければならない。海老屋の主人が毎度奔走に努めたところである。下宿割や各宿における部屋割については、長崎から随行してきた役人や通詞にとっても、なかなか難儀のことであった。

天明の大火で海老屋が居宅を失っている期間は異常であったが、そうでない通常の場合においても、三条大橋界隈に「下宿」先を求めることが多かった。

三条大橋の橋詰の町は宿屋町として有名であった。『都名所車』(享保十五年刊)には三条中島旅籠屋二三軒が紹介されている。『京都御役所向大概覚書』には、四条河原南側に水茶屋が「拾七軒」、北側には「拾六軒」、四条上ル川端町西側に「七軒」とある。少し足をのばせば、祇園町南側には旅籠屋敷が「弐軒」、北側に「弐軒」あったし、水茶屋も南側に「弐軒」、北側に「壱軒」あった。このあたりを中心に、その他周辺の地にまでも「下宿」先を物色して、海老屋の主人が奔走していたことは日記に頻々《ひんぴん》とみえている。町奉行所も援助している。

17 「阿蘭陀宿用向手続」

京の阿蘭陀宿の職務については、「阿蘭陀宿用向手続」に九七ヵ条にわたって詳述されていて、そのマニュアルを知ることができる。大項だけ挙げれば次の通りである。

(1) 蘭人一行着京までの準備・手続き。
(2) 滞留中の諸用向きと、その手続き。
(3) 往路、一行出立、見送り、献上物・進物の保管・警備、人的管理。江戸の阿蘭陀宿との連絡。
(4) 帰路、一行着京までの準備・手続き。
(5) 帰路、滞留中の諸用向きと、その手続き。
(6) 右に関する心得。
(7) 帰路、出立、名所見物に関する準備・手続き、心得。

(8)　その他、蘭人参府往返関連事項に関する心得。

右は享保期の規定を反映している。『京都御役所向大概覚書』にみえる箇条とよく対応している、と理解できる。とともに、さらに詳細を知り得たということになる。

海老屋の主人としては、蘭人、検使以下長崎からの諸役人、特に通詞ら一行に気を配り、京都においては、所司代・東西の町奉行所、荷物保管の商家、下宿物色先の旅籠や茶屋、円山の六阿弥、蘭人見物先の知恩院、祇園社、二軒茶屋中村屋、高台寺、清水寺、大仏、三十三間堂、等々に気をつかい、隣りの宿である伏見稲荷前の玉屋、蹴上宿の弓屋、大坂の長崎屋と連絡を密に取っていた。家業の売薬も加わって、年中、多忙をきわめ、気苦労の多いことであったようだ。

18　先導や付添い

京都所司代、東・西町奉行所に、往路、帰路滞在時に蘭人や通詞らが参上の際に、海老屋の主人は先導に当たり、見物先巡回の際も付き添った。三役所における座席について、進行の順序については、ことのほか、気をつかうことであったから、マニュアルにも、日記にも具体的に記している。見送り先の蹴上宿の弓屋、伏見の玉屋における蘭人一行休憩の際の茶代の置き方まで、じつに細かなことまで気をつかわなければならないことであった。

19　オランダ語の会話書

阿蘭陀宿における主たる客はオランダ人である。その応対には、一切、阿蘭陀通詞の通弁による世話にならなければならなかった。しかし、たとえ、わずか一言でも、外《と》つ国の言葉で歓迎の意を表わし、応対にもてなしの気持を表わしたいものと思ったのか、海老屋の主人は阿蘭陀通詞からオランダ語の会話書まで作成してもらっていた。場面場面で起こり得る会話例であるが、芸妓等の斡旋をめぐる会話例まで含まれていて驚かされる。

20　定式出入商人

オランダ人一行は、いつの年も、京で土産の品々を買い求めたがったようだ。しかし、自由勝手に出歩き、買い歩くことが許されるわけはない。そこで、日本人商人のほうが海老屋のオランダ人のもとに売りに行かなければならない。かといって、勝手に、誰でも売り込みに入るということも許されない。そこで決められたのが「定式出入商人」という指定商人であった。三十数種に及ぶ職種の商人、それは生物《なまもの》を除いて日用品・工芸品を扱う店が選定されている。小物の土産品として適していたからとわかる。筆頭の青貝屋武右衛門のごときは長崎にも店をもち、兄弟で経営に当たって、日蘭貿易にも関係を持っていた。

定式出入商人は三条河原町・木屋町・寺町あたりの海老屋と間近の範囲に集中して選定されていた。維新の激動、道路の拡幅計画に押され、代替地に移動したり、種々の理由や事情で、現在まで続く老舗を見出すことは至難の業である。それでも、寺町に「京都茶道具」を扱う「いぬ井老舗」を、中京区新町通に「琴伝（琴・三味線）」を、寺町に筆墨を扱う「古梅園」を、というふうに見出すことができた。

21　経済的基盤

京の阿蘭陀宿海老屋村上氏の経済的基盤はいかなるものであったか、確認してみたい。
まず、長崎奉行所も認め、長崎会所から支給される、

(1)　紅毛宿礼

(2)　賄　料

(3)　受用銀

の三種である。(1)紅毛宿礼はオランダ商館の費用も入れて、長崎会所から海老屋に支払われたようで、大坂の銅座経由で為替送金による決済が行われていたようである。

(2)賄料は長崎から随行する諸役人や通し人夫に加えて大坂で加わるなまぜ人夫（有馬郡生瀬地区から出る宿駅人足）の宿泊料である。正規の人員分の支給であったと考えられる。

蘭人・通詞らが余分に随行させた人数については「別段」とされていた。(3)受用銀は長崎会所を通じて支給される役料で、参府休年は減額になっている。

長崎奉行所が海老屋村上氏の相続の際に認めている「龍脳取次所」としての業務にともなって生ずる利益がどれくらいであったかは、いまのところわからない。

江戸参府の際に生ずる献上・進物残品の販売、すなわち具体的には「御買せ反物（為替反物）」の販売は注目に値する。日・蘭双方の帳簿に計上されていたから、すっかり制度として定着していたことになる。五ヵ所の阿蘭陀宿がこの特典に与《あずか》っている。海老屋の具体例が加わっていっそう実態が判明した。御買せ反物の数量、各品目の利益、総売上げ額、総利益などが年度別に具体的に判明した。京の阿蘭陀宿の場合、大坂の阿蘭陀宿とともに、その反物の売り払いを江戸の阿蘭陀宿長崎屋源右衛門に依託し、その決済としての為替手形を大坂の長崎屋経由で得ている、という仕組みも判明した。

宝暦七年（一七五七）から売薬業を営んでいた。輸入薬を製剤・調剤して売薬業を営んだのである。「京都荷蘭館製㊞」と明記した「能書」も出している。八種類の売薬をみる。前記の龍脳取次所との関係も注目される。

阿蘭陀宿の家屋に修理が必要になったり、類焼したような場合、その修理・再建費の一部として、オランダ商館から阿蘭陀宿に対して「白砂糖」が贈られた。このような砂糖を「送り砂糖」と呼んでいる。海老屋の場合も、大改築や玄関・勝手の「修覆料」として贈られ、天明の大火で焼失した際にはその「見舞金」として贈られ、改めて「旅宿再建」のため贈られることが「御免（＝許可）」となっている。当時、オランダ船で船載された「白砂糖」は貴重な珍品で高価なものであったから、「送り砂糖」は高く売れて再建資金となった。江戸の長崎屋源右衛門もたびたび類焼にあって「送り砂糖」を得て再建資金に充当していた。

以上、京の阿蘭陀宿海老屋村上氏の経済的基盤を点検してみた。恒常的要素と臨時的要素がみられる。このほか参府滞留時にカピタンから阿蘭陀宿に贈られた「進物」もあったが、右に準ずるほどの額に達した物とは考えられない。

22　天明大火

天明大火で京の阿蘭陀宿海老屋は類焼、家作と記録の全てを失った。

天明八年（一七八八）正月三十日に加茂川団栗橋東詰から出火、折りからの強風にあおられて、加茂川を越えて寺町に飛火、二昼夜焼け続けた。焼失家屋は三万六〇〇〇軒をこえ、洛中の市街地のほとんどを焼いてしまったのである。近世の京都はこれ以降なだらかな衰退の道をたどった、とも言われる。近世京都の記録はこれ以降、ということになる。京の阿蘭陀宿海老屋の『御用書留日記』も天明大火の惨状から記録されている。

23　貸座敷による御用

居宅を焼失しても、海老屋村上氏は京の阿蘭陀宿として江戸参府の一行を世話しなければならない。天明八年二月の場合は、さすがに、京は素通りにしてもらい、伏見から直ちに大津に向かい草津に泊まってもらった。帰路滞京の際は「円山」の貸屋敷を借りて「御用」を勤めた。

居宅再建にいたるまで、海老屋が借り受け「御用」を果たしたところは、

(1)　檀王法林寺（利見院・清光院など）。

(2)　本能寺。

(3)　本国寺。

(4)　東山の円山にある貸屋敷、六阿弥（正阿弥・左阿弥・重阿弥・也阿弥・連阿弥・眼阿弥）のうち也阿弥・眼阿弥など。

(5)　祇園の二軒茶屋中村屋。

(6)　三条小橋から大橋東詰のあたり、川端のあたりの旅籠・水茶屋。鍵屋、木屋、堺屋、

伏見屋、越後屋、舛屋、目貫屋と、あげていったらきりがない。

24　檀王法林寺

海老屋が一番借り受けたかったのは檀王法林寺であった。海老屋から至近距離にあって、蘭人一行止宿者の世話に当たるに便利であったばかりでなく、監視・管理上の点からも至便であった。

ところが、法林寺は口実をもうけて渋りに渋った。毎度のことである。そのつど、海老屋は町奉行所や所司代に泣き付いた。所司代・町奉行の「御声がかり」を得てようやく借り受けた。次第に「御声がかり」がなければ貸してもらえなくなっている。奉行所の方でも円山あたりの貸座敷を借り上げるよりは、監視・管理上、檀王法林寺の方がよいとして、指示を出したり、協力をしている。止むを得ぬ際に限って、近くの寺町にある本能寺や本国寺を借り受ける許可を出している。役所としては、幕府が定めた江戸参府の行事を滞りなく勤め終える必要があったのである。その限りにおいて、蘭人一行と献上・進物の保護・管理に腐心したものであった。

25　魚獣類忌避

檀王法林寺はなぜ口実をもうけて蘭人参府一行の止宿を避けようとしたのか。いろいろ都合がたて混んでいたり、いろいろな口実を作っているが、その真意は、結局、「魚獣類」を「養」っておいたり、「魚獣類」の「煮焚」は困るということであった。ことに高貴な方々の「御位牌」を預かっている寺としては、はなはだ迷惑として強硬な姿勢を崩さないのである。海老屋一人の嘆願で動くことはなかった。所司代や町奉行所の「御声」がかかって、はじめて、しぶしぶ対応に重い腰をあげるという姿勢をとり続けたのである。海老屋の主人は、毎度、檀王法林寺と三役所のあいだを往ったり来たり、お百度を踏まなければならなかったのである。

と同時に、このようなことによって、海老屋村上氏が京の阿蘭陀宿として、カピタン一行の賄いに「獣肉」を調理して出していたことも判明する。そのために「獣類」を「養」っていたらしいことも察せられる。海老屋の用意したレシピを知りたくなる。

26 「荷蘭館額面及人名帖由来」

ようやく再建がかない、新築の海老屋の座敷にカピタンを迎え、主人の村上専八が特別の肉料理を用意して、頃合いを見はからって、カピタン・ヅーフに所望した。オランダ語会話書のマニュアルにしたがって、片言のオランダ語で、料理をすすめ、所望をしたものか。それとも、全面的に江戸番通詞の名村多吉郎と今村才右衛門の通弁にたよって座を盛

り上げたのかは知る由もない。いずれにしても、カピタン・ヅーフは上機嫌、所望されるままに、

村上専八ノ幸福ト其家宅ノ栄久トヲ祈ル　ヘンドレッキ・ヅーフ

などと額面にオランダ語で揮毫して与えた。シーボルトと一緒に泊まったカピタン・スチュルレルも、

後ニ悔トモ及ハス　事ニ先テ慎ムヘシ　ド　スチュルレル

などと、なにやらオランダにおける格言のような言葉を、オランダ文字で、これまた額面に書き与えた。

こんな珍しい額などの掛けてあった海老屋に泊まった歴代のカピタンや蘭医・書記官たちが、特別メニューの肉料理を愛でてか、次々にサイン帖に署名を加えた。

遺憾ながら、記念の額面やサイン帖は失われた。慶応元年（一八六五）の京師兵燹《へいせん》（戦争で起こる火災）に罹って家宅再び烏有に帰したというから、そのときに焼失したものと察せられる。しかし、幸いにして和訳文だけが「荷蘭館額面及人名帖由来」として伝わっている。

文化三年（一八〇六）再建後、シーボルト事件で判決の出たのは文政十二年（一八二

九）のことである。その間二〇年余りの期間に繰り広げられた日・蘭交歓の模様は、かなりの脱線場面も含めて、伝統美を守って誇る京の街にあって、阿蘭陀宿海老屋はひときわ特異な存在であったにちがいない。

27　京都町奉行所と長崎奉行所の支配

京の地で「御用」を勤め、長崎会所から送られる長崎配分を役料として支給されていた京の阿蘭陀宿海老屋の村上氏は、居宅の再建や相続に際して、京の町奉行所と長崎奉行所と、両方に許可の願いや手続きをしなければならなかった。その間に阿蘭陀通詞が口を差し挟むことも多く、かつ大きかったようで、海老屋村上氏は事によっては主人自ら長崎にまで出向いて嘆願に努め、そうでなくとも、出張人や現地に代人をもうけて許可願いや手続きを行っていた。

保護と助成を受ける反面、しっかり監視されたり、幾重にも支配されていたということが、構造的に理解される。

開業の時期や事情の相違、立地条件の違いなど、それぞれの阿蘭陀宿において事情の違いは見られるものの、それぞれ存在する都市と、長崎奉行所の両方から支配を受け、阿蘭陀通詞から指示を受ける点の多大であったことも判明した。

28　カピタンの用務

江戸参府で東上、着京、滞留する一行のうちカピタンらオランダ人は阿蘭陀宿にとって主たる客人である。

京に滞留中、オランダ人が通常行ったことの要は、およそ次のようなことであった。京都所司代から東海道の「道中人馬并船川渡御証文」を下付してもらい「受取」を提出。所司代と東・西の町奉行に対して「進物」を呈し「御礼」を言上。

帰路は、「御証文」を返上、「受取」を返却してもらう。三役所から使者を通じて「被下《くだされ》物《もの》」を頂戴、「御礼」「暇乞」の挨拶を済ませ帰路につく。許可を得て、帰りがけに名所見物を行って下坂する。

「進物」の呈上は、本来、帰洛滞留の際に行うことであったが、「近例」では往路の「参上掛」に「内納」しておいて、帰路、滞京の間に正式に「御礼」に参上となっている。

「滞京日数」は「中一日か二日」すなわち発着日も入れて、「三日・四日」の定めで、この間に「定式出入商人」から土産品を買い、名所見物の際には奉行所から派遣される町役人「仲座」の警備と海老屋の主人の先導によってまわった。いずれの場合も通詞による通弁・指示を受けた。

29　予定外の出来事

主客のオランダ人は、規定と習慣通り、順序をこなしてくれるとは限らなかった。寛政十年（一七九八）、帰路のカピタン・ヘンミーは掛川駅で病没。留守中の出島では大火災。ヘンミー、往路から調子はよくなかったようだ。「料理場」のない仮の宿・檀王法林寺を嫌い、帰路、傷心のラスは心の安定を欠いてか、「食物」に難癖をつけて、「今朝より今九ツ半時（＝午後一時）」まで食べずに拒絶のてい。海老屋の主人、町奉行から「異国人」は「誠に慎なき事」などと慰められるという一幕さえあった。

文化十一年（一八一四）のカピタン・ヅーフは三度めの江戸参府。新築成った海老屋で、すっかり京に馴染み深くなって、往路滞留の間に、祇園の「鬘屋源八方」で「日本之男かづら」を注文、帰路滞留の間、宿に祇園の舞子二人を招き寄せ「夜半過」まで「酒宴」。

酒宴が「相い果」て、舞子も帰った、と思いきや、ヅーフは「同夜深更」に及んで、「男かづら」をかぶり「頭巾」で「顔を隠し」、川端四条上ルところの「茶屋亀や千右衛門方」へ罷り越し、示し合わせておいた前記舞子二人を呼び寄せ、お「戯れ」。

翌日、祇園の二軒茶屋で、恒例の豆腐切り見物の席に「脇蘭人」に代わって上ってもらわなければならないような「二日酔」。「駕籠」から出て、群集の見守る「座席」に上がることさえできなかったという。よほどお疲れ過ぎの体であったことだけは確かなようだ。
文政元年（一八一八）のカピタン・ブロムホフは往路滞留中も、帰路滞留中も、海老屋の自室に「屛風」を「弐重」にたてめぐらして「婦人壱人」を囲って「八日」も延長「滞留」。

ようやく出立、海老屋の主人が大坂の阿蘭陀宿・銅座の為川方へ見送りに出向いてみれば、こはいかに、定式出入商人の筆頭青貝屋武右衛門が「婦人壱人」を「伴」ってご出張。この「見覚」えのある女、青貝屋が「銅座御役所蘭人居所」へ「引附」で「差入」れたもので、「金〇〇両」さえ動いていた。

いずれの場合も、検使や通詞に加えて町奉行所や銅座詰役人による監視と管理はどうなっていたのか。どうなっていたか、どころではない。すっかり「癒着」関係が成立していたのである。

すると、この延長線上にシーボルト事件を置いてみなければならなくなる。

しかし、文政九年（一八二六）、カピタン・スチュルレルの捻挫による歩行困難を口実にして、京の滞留工作を展開したシーボルトについて、海老屋の証言は「婦人」問題ではなく、制禁品の買い取りや長崎へ荷物運送のための「談合」にあったと明言している。

であったとしても、それをゆるす癒着の構造、大量に、頻々と行われる温床がすっかりできあがっていた点は否定できない。

30　阿蘭陀通詞の役割・活躍・横暴

日本語を解さない主客オランダ人を、オランダ語を知らない検使が監視に当たって旅をする。泊まり行く各宿駅において、滞留・通過する大きな都市の宿と役所、そこで迎える住人・商人・役人たち、どこでも、誰でもオランダ語で迎えてはくれない。

どこでも、誰でも、いつでも、オランダ語を聞き取って日本語に訳し、日本語からオランダ語に訳して伝えてくれる通訳、阿蘭陀通詞が頼りにされた。難しく、忙しかった。だから、江戸参府一行における主役といってもよい存在であった。

双方の情報は、必ず通詞の耳・眼・口を通過しなければならない。情報の集中は、そこに力を生ずる。

通詞は、通弁・翻訳の機器ではない。どの通詞も個性を秘めて保持している。個々の通詞が、「生じた力」をどのように行使したか。阿蘭陀宿でどうであったか。江戸参府でどうであったか。

京の阿蘭陀宿に止宿した江戸番通詞・参府休年出府通詞は、海老屋における場面場面で、まさに主役的存在であった。宿の主人は当然気をつかった。

通詞たちが、長崎から持ち越す「荷物」の多いこと、長崎の人から「頼」まれ荷物も多く含まれていた。帰路滞留時に行った「買物」が夥しく、荷造りがなかなか決まらない。滞在延長となる。その間に、訪問客や商人を引き入れる。「酒宴」「饗応」「他出」が重なって、ときには「猥り」がましき行動も多かった。

海老屋は長崎奉行の支配も受けていたため、また、カピタンから「買わせ反物」の配分を受け、「送り砂糖」を願わなければならなかったから、その間に立つ通詞たちにも頭が上がらず、横暴なる振舞いを許さざるを得なかったようである。

日・蘭交歓、文化交流の好機会と舞台と、そのたて役者であった一方で、このような裏面のあった構造も見逃すわけにいかない。

人と荷物が動けば、そこに必ず金が付いて動いたのである。

31　海外情報の交換

鎖国下における日・蘭交流の機と場とを提供した阿蘭陀宿は、まさに異文化理解・異文化交流の舞台であったわけである。が、同時に、制度が年を重ねるにしたがい、彼我の間に、惰性に流れ、利欲に走る行為がみられるようになり、昂じては、制禁を犯す事件発生の温床ともなった。すでにみてきたように、わかっていても、避けきれない弱い面を持っていた。制度が生み出した構造であったとも見てとれる。

それ故に、阿蘭陀宿は、その種の行為、犯罪に敏感であり、同業の阿蘭陀宿の間において情報交換に努めていた。海老屋村上氏が書き留めたり、遺している史料に端的にみることができる。

シーボルト事件における、江戸と長崎、両地で下された判決記録は、思いのほか正確で、原文書の形式さえも伝えている要素があって注目に値する。いうまでもなく、シーボルトは親しく海老屋に泊まり、京滞在の日を延ばすに熱心・執拗な人であった。

長崎の町年寄も阿蘭陀宿を定宿とした。高島秋帆事件に連坐した多数の人びとに対する判決は阿蘭陀宿海老屋にとっても関心の深いものであった。

『高田屋嘉兵衛話』の入手経路をみると、京の阿蘭陀宿海老屋の主人が大坂の阿蘭陀宿の主人と連絡を密にして海外情報の入手に、いかに熱心であったことか、知らされる。巷間に流布している情報はもちろんのこと、他の経路では入り得ない、特殊な、良質の情報がこのようにしてダイレクトに入ってもいたことを示す一好例と受け留められよう。

阿蘭陀宿の記録・史料が示す魅力といえる。

以上が補足も含めたまとめである。

泊ったオランダ人からの眼ではなく、泊めた「阿蘭陀宿」の視点から、鎖国下の日蘭交流、特に江戸参府旅行をみてきたことになる。

京のオランダ人——海老屋の史料からみえてくるもの

京の阿蘭陀宿海老屋の史料によって解明・把握できた諸点と、総括して得られた諸点を通じて、そのうえにみえてくる点の二、三について指摘しておきたいと思う。

記録の特質と相違点

いままでよく読まれ、親しまれてきたケンペル、ツュンベリー、シーボルトが記した江戸参府紀行や、ヅーフ、フィッセルが記した印象記・旅行日記、さらには歴代のオランダ商館長の記し置いた参府日記には、たしかに日々眼の前に現われ、見聞した体験を具体的に記したものであっただけに、臨場感に富み、興味尽きないものがある。しかし、未知の国、日本に来て、滞在なお日の浅い体験であったから、鎖国日本の事情、特に「制度」「規定」を知らないで記す、まさに「印象記」の観が強い。したがって、そこから、「制度」を通してみられる「機構」「組織」を把握することは無理である。

この点からすれば、「阿蘭陀宿」の記録は、幕府の定めた制度を「御用」として果たす宿であったから、心得て実行した用務を通じて、そこに「組織性」をみることができ、「江戸参府」を「構造的」にみることができる。換言すれば、鎖国下の日蘭交流、特に「江戸参府」制度について、「阿蘭陀宿」に「凝縮」して現われる諸相を組織的に読み取ることができる、といえる。

オランダ人の記さない点

来日オランダ商館員が体験を具体的に記すに、自己に都合の悪い点は書き遺していないことを具体的に知ることができた。それが公的な面でも私的な面においてもである。当然といえば当然のことである。

今まで親しまれてきた泊まった人の記述でなく、今まで紹介されたことのない泊めた人の記述、すなわち同じ当事者でも立場の違う者の記録として「阿蘭陀宿」の記録に注目してみなければならない点がここにある。

検使や通詞などをはじめとする随行日本人の手になる記録の紹介が、いかに未開拓であったことかと思い知らされる。

阿蘭陀宿は人・物・情報のルート

「宿」は「人」を泊め「物」を預かった。「人」と「物」とが「留」まり「通過」したところである。オランダ商館長一行が江戸参府で「休・泊」した「宿」、特に「阿蘭陀宿」は、鎖国下の日本において、唯一ヨーロッパ「人」を泊め「異国の文物」を預かった「宿」であった。

その「阿蘭陀宿」には、江戸・長崎から注目すべき重要・良質の「情報」がもたらされ、「阿蘭陀宿の主人」同士も「情報交換」に努め、「情報蒐集」に努めていたことが判明した。幕府は鎖国政策に踏み切ったときからヨーロッパ情報の入手を開始、幕末・開港期にいたるまでその「蒐集」に努め続けた。それは、幕府が世界の進運のなかで、「鎖国体制」の「維持・存続」をはかるうえに、海外事情の把握を必要とし、対外関係の判断資料として最も重要視したがためである。「オランダ風説書」の必要性は、まさにこの点にあった。鎖国期間を通じて存続し続けた日蘭貿易、その契機のうえに確保された恒常的海外情報の入手手段であった。

日蘭貿易継続の一環として規定され、制度化したオランダ商館長の「江戸参府旅行」。その「江戸参府旅行」を支えた「阿蘭陀宿」は「内・外」の「情報」が飛び交う「ルート」であったことに気付かされる。幕府の支配の面からも、役務遂行の阿蘭陀宿の公的面からも、危険を回避し家業の発展に努める私的な面からも、必要視されたことであった。「阿蘭陀宿」は「人」と「物」と「情報」の通過点であった。阿蘭陀宿と阿蘭陀宿が点綴して構成する「江戸参府ルート」は「内・外の人・物・情報の通過ルート」であったことが鮮明に指摘できる。

日蘭交流のうちの江戸参府は、それを支えた阿蘭陀宿における実際を通覧すると、禁教・密貿易制禁を目的とした「監視」と、舶載の珍品と海外情報をもたらしてくれるオランダ使節の「保護」という両面がみえてくる。

監視と保護、交流と癒着

この恒常的維持・制度存続の契機を通じて「日蘭交流」の「機」と「場」とが展開した。この「機」と「場」とをいかに「活用」したか。いかに「利用」したか。日・蘭の双方が、それぞれの官民によって、それぞれ立場を異にし、未知の文物世界を求めて、それよりも、なによりも、それぞれの立場で、あくなき「利益」と「欲望」を求めて「活用」に努め、「利用」に走った。「文化交流・交歓」の場も展開したが、利欲に走った「癒着」の構造も複雑化してみられた。この点については、公・私にわたって、個人差が大きく認められるようだ。

幕閣・長崎奉行・町奉行・銅座役人に加えて、町年寄・阿蘭陀通詞・阿蘭陀宿や出入の商人たち、一方、歴代のオランダ商館長や蘭館の医師や館員たち、いずれも、いろいろな対応を示し、「活用」をし、「利用」をしているようだ。

海外の文物京の街へ、京の文物鎖国日本の外へ

夥しい荷物とともに上下滞留し続けた日蘭両国人から成る江戸参府一行は、京と京の人に影響を及ぼさないではいなかった。上下する一行が到着・滞留した大黒町を中心とする一帯は活気づいたことと察せられる。物と人とが動いた高瀬川の舟入り、その浜地もそうだ。

夥しい荷物には、将軍への献上品、幕閣諸侯への進物も含まれていたが、意図的な目的をもった土産品や届け物・頼まれ物・売り物も多く含まれていたのである。阿蘭陀宿を舞台に出入りする人を通じて京の街へ流れ出た。集まる訪問客や出入りする商人を通じて京の品々がオランダ商館員に貰われたり、買い受けられたりして運ばれていった。海を越えていったのである。

祇園の二軒茶屋中村屋の豆腐切りの座席に上がって掛けるカピタン一行を、京の町の人びとが黒山のように集まって見物したという。名所・寺院を見物するカピタン一行を見物

する群集の整理に町役人がいつも出張しなければならなかったという。

西陣や祇園、円山の六阿弥、宿泊や見物の寺院の数々、貸座敷や水茶屋が想起される。祭りの飾りや着物・持ち物にまで想いをはせると、伝統文化を誇る古都・京の都というが、時代を超えて、外来文化をいちはやく受け入れた都と、そこに生きる人の顔もみえてくる。

京の阿蘭陀宿に注目、その史料の活用に期待する念《おもい》一入《ひとしお》なるものがある。

あとがき

『杉田玄白』(人物叢書、一九七一年)の執筆準備を始め、玄白が訪問した江戸の阿蘭陀宿・長崎屋源右衛門を知りたいと思うようになって、カピタンの江戸参府、江戸番通詞、阿蘭陀宿に眼が向いていったのであるから、はや、三十数年を経過したことになる。

阿蘭陀宿に関するまとまった研究は皆無と気付いた。まとまった史料が知られていなかったからである。鎖国時代における日・蘭交流の場を提供した、まさに異文化交流の「舞台」であったにもかかわらず、その解明に手がつけられていない。ヨーロッパ文化の輸入・消化によって特色ある近世文化が形成されたことを思うとき、なんという大きな問題が未開拓のままのこされていることかと、「驚き」であった。一大発見をしたような気もした。しかし、眼にとまる内・外の史料は、いずれも、零細・断片的なものばかり。どれくらいの日時を要するものか、見当もつかない。気の遠くなるような史料収集作業を心に決めたことだった。

京の阿蘭陀宿・海老屋の文書に廻り合えたのは一九八三年のことと記憶している。難解な史料の山を見て驚喜したことを想い出す。この間、何回にもわたって、閲覧・撮影の機会を与えて下さった神戸市立博物館の関係・担当各位に深甚なる謝意を申し上げなければならない。

解読作業を続ける一方、海老屋の在った場所に立ってみたいという気持ちを抑えることができなくなった。京の史跡に明るい杉立義一氏のご紹介によって酢屋が所蔵される大黒町の地図や絵地図を閲覧することができた。一九八八年十一月十五日のことである。そのころ、酢屋では毎年坂本龍馬の命日に当たる十一月十五日の午後、二階のギャラリーで坂本龍馬追悼展が半日間開催されていた。以来、毎年十一月十五日、展示替えされる資料や大黒町地図の魅力に惹かれて閲覧に伺った。写真に依ることができず、手写しで、しかも、記載されている寸法の比率によって復元を試み、何回も確認や、修正の手を加えた。文書解読と合わせ、そのたびごとに現地の周辺調査、たとえば海老屋の定式出入商人の後裔探索などを行なった。オランダ側や長崎に傍証史料を求めたり、補足・確認作業を行なったり、いろいろ廻り道で熱中することがあったりで、思いのほか歳月を要してしまった。いまは、ただ、酢屋・中川敦子氏と杉立義一氏に感謝申し上げるのみである。

新分野の史料として、海老屋の史料は内容が豊かである。いろいろな分野と角度から活用していただけたら、嬉しさ、これに過ぎるものはない。このうえは、機会がゆるされるならば、江戸参府と阿蘭陀宿の総合的理解を得て近世文化を考えてみたいと、期待を膨らませている。

一九九八年一月十一日

片桐一男

著者紹介

一九三四年、新潟県生まれ
一九六七年、法政大学大学院人文科学研究科
日本史学専攻博士課程単位取得済
現在青山学院大学教授・文学博士

主要著書
阿蘭陀通詞の研究　杉田玄白　阿蘭陀通詞今村源右衛門英生―外つ国の言葉をわがものとして―　蘭学事始とその時代　開かれた鎖国―長崎出島の人・物・情報―

歴史文化ライブラリー
40

京のオランダ人
阿蘭陀宿海老屋の実態

一九九八年六月一日　第一刷発行

著　者　片《かた》桐《ぎり》一《かず》男《お》
発行者　吉川圭三
発行所　株式会社　吉川弘文館
東京都文京区本郷七丁目二番八号
郵便番号一一三―〇〇三三
電話〇三―三八一三―九一五一〈代表〉
振替口座〇〇一〇〇―五―二四四
印刷＝平文社　製本＝ナショナル製本
装幀＝山崎　登（日本デザインセンター）

歴史文化ライブラリー

1996.10

刊行のことば

現今の日本および国際社会は、さまざまな面で大変動の時代を迎えておりますが、近づきつつある二十一世紀は人類史の到達点として、物質的な繁栄のみならず文化や自然・社会環境を謳歌できる平和な社会でなければなりません。しかしながら高度成長・技術革新にともなう急激な変貌は「自己本位な刹那主義」の風潮を生みだし、先人が築いてきた歴史や文化に学ぶ余裕もなく、いまだ明るい人類の将来が展望できていないようにも見えます。このような状況を踏まえ、よりよい二十一世紀社会を築くために、人類誕生から現在に至る「人類の遺産・教訓」としてのあらゆる分野の歴史と文化を「歴史文化ライブラリー」として刊行することといたしました。

小社は、安政四年(一八五七)の創業以来、一貫して歴史学を中心とした専門出版社として書籍を刊行しつづけてまいりました。その経験を生かし、学問成果にもとづいた本叢書を刊行し社会的要請に応えて行きたいと考えております。

現代は、マスメディアが発達した高度情報化社会といわれますが、私どもはあくまでも活字を主体とした出版こそ、ものの本質を考える基礎と信じ、本叢書をとおして社会に訴えてまいりたいと思います。これから生まれでる一冊一冊が、それぞれの読者を知的冒険の旅へと誘い、希望に満ちた人類の未来を構築する糧となれば幸いです。

吉川弘文館

〈オンデマンド版〉

京のオランダ人

阿蘭陀宿海老屋の実態

歴史文化ライブラリー
40

2017年（平成29）10月1日　発行

著　者　片《かた》桐《ぎり》一《かず》男《お》

発行者　吉川道郎

発行所　株式会社　吉川弘文館

〒113-0033　東京都文京区本郷7丁目2番8号

TEL　03-3813-9151〈代表〉

URL　http://www.yoshikawa-k.co.jp/

印刷・製本　大日本印刷株式会社

装　幀　清水良洋・宮崎萌美

片桐一男（1934～）

ISBN978-4-642-75440-8